2021

企业研发活动情况统计年鉴

国家统计局社会科技
和文化产业统计司　编

图书在版编目（CIP）数据

企业研发活动情况统计年鉴. 2021 / 国家统计局社会科技和文化产业统计司编. -- 北京 : 中国统计出版社, 2021.10
ISBN 978-7-5037-9686-9

Ⅰ. ①企… Ⅱ. ①国… Ⅲ. ①企业－技术开发－统计资料－中国－2021－年鉴 Ⅳ. ①F279.23-54

中国版本图书馆 CIP 数据核字(2021)第 200773 号

企业研发活动情况统计年鉴—2021

作　　者/ 国家统计局社会科技和文化产业统计司
责任编辑/ 佘竞雄　李　冲
封面设计/ 李雪燕　张　冰
出版发行/ 中国统计出版社有限公司
地　　址/ 北京市丰台区西三环南路甲 6 号　邮政编码/100073
电　　话/ 邮购（010）63376909　书店（010）68783171
网　　址/ http://www.zgtjcbs.com
印　　刷/ 河北鑫兆源印刷有限公司
经　　销/ 新华书店
开　　本/ 890mm×1240mm　1/16
字　　数/ 450 千字
印　　张/ 15
版　　别/ 2021 年 10 月第 1 版
版　　次/ 2021 年 10 月第 1 次印刷
定　　价/ 280.00 元

本书附同版本 CD-ROM 一张，光盘内容以书面文字为准。

《企业研发活动情况统计年鉴—2021》编委会、编辑工作人员

编者说明

《企业研发活动情况统计年鉴—2021》收录了全国及31个省、自治区、直辖市2020年规模以上全部企业和工业企业研发活动主要统计数据，是一部较为全面反映我国企业研发活动开展情况的统计资料书。

本书分为两个部分，分别为工业企业研发活动情况和非工业企业研发活动情况，具体包括企业R&D及相关活动主要指标、企业基本情况、R&D人员情况、R&D经费情况、企业办研发机构情况、新产品开发及销售情况、自主知识产权及相关情况、政府相关政策落实情况、技术获取和技术改造情况等。书后附有主要统计指标解释。

本年鉴所涉及的全国性统计数据，均未包括香港、澳门特别行政区和台湾省数据。

本书数据的年份为2020年；数据口径为规模以上采矿业，制造业，电力、热力、燃气及水生产和供应业法人单位；特、一级总承包、专业承包建筑业法人单位；规模以上交通运输、仓储和邮政业，信息传输、软件和信息技术服务业，租赁和商务服务业，科学研究和技术服务业，水利、环境和公共设施管理业，卫生和社会工作，文化、体育和娱乐业等法人单位。按地区分组中，东部地区包括北京、天津、河北、上海、江苏、浙江、福建、山东、广东和海南10个省市；中部地区包括山西、安徽、江西、河南、湖北和湖南6个省；西部地区包括内蒙古、广西、重庆、四川、贵州、云南、西藏、陕西、甘肃、青海、宁夏和新疆12个省区市；东北地区包括辽宁、吉林和黑龙江3个省。

书中因小数取舍而产生的误差均未作配平调整；各表中的“空格”表示该项统计指标数据不足本表最小单位数、数据不详或无该项数据；“#”表示其中的主要项。

目　　录

第一部分　全部企业研发活动情况

第二部分　工业企业研发活动情况

一、工业企业 R&D 及相关活动主要指标（2020）

二、工业企业基本情况（2020）

三、工业企业 R&D 人员情况（2020）

四、工业企业 R&D 经费支出情况（2020）

五、工业企业办研发机构情况（2020）

六、工业企业新产品开发及销售情况（2020）

七、工业企业自主知识产权及相关情况（2020）

八、工业企业政府相关政策落实情况（2020）

九、工业企业技术获取和技术改造情况（2020）

附录　主要指标解释

第一部分

全部企业研发活动情况

1-1-1 全部企业R&D及相关活动主要指标

主要指标	单位	2016	2017	2018	2019	2020
企业基本情况						
#有R&D活动的企业	个	90770	107262	110153	142078	162394
#有研发机构的企业	个	64075	73805	76167	93903	104003
R&D人员情况						
R&D人员	人	4318578	4614016	4890535	5164697	5592171
#女性	人	959373	1028908	1089799	1136843	1249796
#研究人员	人	1488348	1540673	1619860	1711818	1834041
#全时人员	人	3116974	3417661	3649517	3847403	4179577
R&D人员折合全时当量	人年	3003988	3111716	3416687	3660340	4052285
R&D经费情况						
R&D经费内部支出	万元	121308841	136471529	152206491	167423221	183572243
按支出用途分						
1.日常性支出	万元	108700759	123224279	138345763	155926890	170611657
#人员劳务费	万元	38986723	43720206	50382912	56325521	66955577
2.资产性支出	万元	12608082	13247250	13860728	11496332	12960586
#仪器和设备	万元	12349535	12999449	13573083	11131011	12667219
按资金来源分						
政府资金	万元	4479930	4680197	4895421	6410575	5236310
企业资金	万元	114863810	129712690	145492254	155540858	177255598
境外资金	万元	927635	1025580	599620	156413	796859
其他资金	万元	1037466	1053062	1219195	261371	283477
R&D经费外部支出	万元	7152926	8530258	11507901	8946378	15188069
#对境内研究机构支出	万元	3066874	2865381	3763251	3517068	3734568
对境内高等学校支出	万元	767186	783759	734187	694019	773318
对境外支出	万元	906948	1168068	1279243	1290710	1698161
企业办研发机构情况						
机构数	个	76740	87660	88503	106510	117710
机构人员数	人	3236739	3720577	3738040	4275275	4690661
#博士	人	54138	59215	53779	58306	60337
硕士	人	422773	481106	486292	546626	593986
机构经费支出	万元	84520869	102263663	121573913	154587761	175926459
仪器和设备原价	万元	79235810	96835267	89409407	106910291	113736155
自主知识产权及相关情况						
专利申请数	件	832538	955749	1132666	1333090	1589424
#发明专利	件	351597	398322	472328	547673	636905
有效发明专利数	件	894750	1082392	1310103	1542007	1832645
政府相关政策落实情况						
研究开发费用加计扣除减免税	万元	6103049	7063730	11014846	18723180	24219066
高新技术企业减免税	万元	10094209	13053423	15139891	18441424	21615919

1-2-1 分登记注册类型全部企业基本情况

单位：个

登记注册类型	有R&D活动	有研发机构
合　计	**162394**	**104003**
内资企业	**145034**	**91378**
国有企业	1037	546
集体企业	149	70
股份合作企业	276	149
联营企业	38	17
国有联营企业	17	6
集体联营企业	3	1
国有与集体联营企业	6	2
其他联营企业	12	8
有限责任公司	26481	16140
国有独资公司	2150	1146
其他有限责任公司	24331	14994
股份有限公司	6610	4710
私营企业	110418	69730
私营独资企业	1644	808
私营合伙企业	294	141
私营有限责任公司	99530	62459
私营股份有限公司	8950	6322
其他企业	25	16
港、澳、台商投资企业	**8160**	**6477**
合资经营企业	2707	1929
合作经营企业	93	70
港、澳、台商独资经营企业	4906	4094
港、澳、台商投资股份有限公司	381	325
其他港、澳、台投资企业	73	59
外商投资企业	**9200**	**6148**
中外合资经营企业	3519	2224
中外合作经营企业	99	50
外资企业	5233	3625
外商投资股份有限公司	265	193
其他外商投资企业	84	56

1-2-2　分行业全部企业基本情况

单位：个

行　业	有R&D活动	有研发机构
合　计	**162394**	**104003**
采矿业	**1290**	**569**
煤炭开采和洗选业	437	176
石油和天然气开采业	48	30
黑色金属矿采选业	145	61
有色金属矿采选业	211	88
非金属矿采选业	406	195
开采及其他辅助性活动	42	19
其他采矿业	1	
制造业	**143739**	**92771**
农副食品加工业	5198	2737
食品制造业	2820	1594
酒、饮料和精制茶制造业	1554	817
烟草制品业	63	52
纺织业	5822	3774
纺织服装、服饰业	2396	1450
皮革、毛皮、羽毛及其制品和制鞋业	2283	1288
木材加工和木、竹、藤、棕、草制品业	1805	776
家具制造业	1968	1325
造纸和纸制品业	1956	1244
印刷和记录媒介复制业	1884	1209
文教、工美、体育和娱乐用品制造业	2862	1894
石油加工、炼焦和核燃料加工业	611	333
化学原料和化学制品制造业	9923	6237
医药制造业	4803	2968
化学纤维制造业	883	554
橡胶和塑料制品业	7569	5332
非金属矿物制品业	9857	5414
黑色金属冶炼和压延加工业	1511	955
有色金属冶炼和压延加工业	2960	1756
金属制品业	9497	6314
通用设备制造业	13652	8648
专用设备制造业	11714	7291
汽车制造业	7390	4498
铁路、船舶、航空航天和其他运输设备制造业	2435	1448
电气机械和器材制造业	13819	10311
计算机、通信和其他电子设备制造业	11760	9418
仪器仪表制造业	3368	2245
其他制造业	654	473
废弃资源综合利用业	559	329
金属制品、机械和设备修理业	163	87

1-2-2 续表

单位：个

行业	有R&D活动	有研发机构
电力、热力、燃气及水生产和供应业	**1662**	**732**
电力、热力生产和供应业	1078	435
燃气生产和供应业	241	132
水的生产和供应业	343	165
建筑业	**2292**	**1767**
房屋建筑业	900	753
土木工程建筑业	812	597
建筑安装业	288	174
建筑装饰、装修和其他建筑业	292	243
交通运输、仓储和邮政业	**502**	**295**
铁路运输业	**17**	**4**
道路运输业	223	139
水上运输业	57	24
航空运输业	16	9
管道运输业	11	2
多式联运和运输代理业	69	62
装卸搬运和仓储业	95	44
邮政业	14	11
信息传输、软件和信息技术服务业	**5175**	**4158**
电信、广播电视和卫星传输服务	231	117
互联网和相关服务	848	527
软件和信息技术服务业	4096	3514
租赁和商务服务业	**834**	**440**
租赁业	83	46
商务服务业	751	394
科学研究和技术服务业	**5941**	**2807**
研究和试验发展	1139	514
专业技术服务业	3926	1978
科技推广和应用服务业	876	315
水利、环境和公共设施管理业	**435**	**214**
水利管理业	19	5
生态保护和环境治理业	256	123
公共设施管理业	149	83
土地管理业	11	3
卫生和社会工作	**297**	**149**
卫生	293	149
社会工作	4	
文化、体育和娱乐业	**227**	**101**
新闻和出版业	33	15
广播、电视、电影和影视录音制作业	65	28
文化艺术业	48	17
体育	10	4
娱乐业	71	37

1-2-3 各地区全部企业基本情况

单位：个

地　　区	有R&D活动	有研发机构
全　　国	**162394**	**104003**
东部地区	109800	78017
中部地区	34050	18268
西部地区	15455	6799
东北地区	3089	919
北　　京	2941	864
天　　津	1801	582
河　　北	3409	2383
山　　西	956	1171
内 蒙 古	439	133
辽　　宁	2156	557
吉　　林	392	169
黑 龙 江	541	193
上　　海	3672	1095
江　　苏	27704	18702
浙　　江	25039	18261
安　　徽	7286	5886
福　　建	6576	2245
江　　西	5336	4319
山　　东	12539	4336
河　　南	5708	1990
湖　　北	6115	2935
湖　　南	8649	1967
广　　东	26004	29496
广　　西	968	435
海　　南	115	53
重　　庆	3261	2124
四　　川	5015	1749
贵　　州	1389	660
云　　南	1402	537
西　　藏	15	4
陕　　西	1709	628
甘　　肃	486	151
青　　海	92	43
宁　　夏	450	230
新　　疆	229	105

1-3-1 分登记注册类型全部企业R&D人员情况

登记注册类型	R&D人员（人）	#女性	#研究人员	R&D人员折合全时当量（人年）
合　计	**5592171**	**1249796**	**1834041**	**4052285**
内资企业	**4577240**	**1000115**	**1505527**	**3281347**
国有企业	77474	17297	34971	54997
集体企业	3620	639	1044	2364
股份合作企业	4203	1032	1048	3128
联营企业	1105	227	464	792
国有联营企业	623	114	285	390
集体联营企业	33	15	9	25
国有与集体联营企业	57	12	16	41
其他联营企业	392	86	154	337
有限责任公司	1500184	304593	575378	1069215
国有独资公司	209374	39462	96972	134322
其他有限责任公司	1290810	265131	478406	934893
股份有限公司	651157	148838	266061	471297
私营企业	2334908	526495	624078	1677066
私营独资企业	17214	4097	4390	11385
私营合伙企业	3125	795	782	2063
私营有限责任公司	1984980	448436	512449	1421225
私营股份有限公司	329589	73167	106457	242394
其他企业	4589	994	2483	2488
港、澳、台商投资企业	**510349**	**127477**	**155670**	**396966**
合资经营企业	151263	34490	46685	117376
合作经营企业	3824	754	664	2639
港、澳、台商独资经营企业	312174	81380	95407	243859
港、澳、台商投资股份有限公司	39654	10181	11655	30389
其他港、澳、台投资企业	3434	672	1259	2701
外商投资企业	**504582**	**122204**	**172844**	**373972**
中外合资经营企业	202052	43193	74782	147591
中外合作经营企业	4343	821	1278	3058
外资企业	268696	71026	86089	200608
外商投资股份有限公司	25479	6162	9410	19913
其他外商投资企业	4012	1002	1285	2801

1-3-2 分行业全部企业R&D人员情况

行 业	R&D人员 (人)	#女性	#研究人员	R&D人员折合全时当量 (人年)
合 计	**5592171**	**1249796**	**1834041**	**4052285**
采矿业	**112495**	**13039**	**38647**	**68858**
煤炭开采和洗选业	62615	2751	17139	36106
石油和天然气开采业	18578	5752	10359	13565
黑色金属矿采选业	5574	735	1630	3208
有色金属矿采选业	8755	1025	2464	5938
非金属矿采选业	6808	1236	1873	4559
开采及其他辅助性活动	10142	1535	5178	5463
其他采矿业	23	5	4	19
制造业	**4591431**	**1033882**	**1379148**	**3356496**
农副食品加工业	85887	25530	23051	58096
食品制造业	69567	25632	19475	46928
酒、饮料和精制茶制造业	37533	10652	11215	22331
烟草制品业	5711	1447	2690	3712
纺织业	139047	51741	25099	99543
纺织服装、服饰业	62371	30077	11329	43294
皮革、毛皮、羽毛及其制品和制鞋业	47266	17765	7969	34504
木材加工和木、竹、藤、棕、草制品业	24892	5994	5073	16906
家具制造业	47638	11587	8987	34421
造纸和纸制品业	52855	11110	9271	37720
印刷和记录媒介复制业	41477	11241	8584	29758
文教、工美、体育和娱乐用品制造业	66103	20809	13489	47684
石油加工、炼焦和核燃料加工业	32565	5984	10489	19970
化学原料和化学制品制造业	253478	60538	79904	181332
医药制造业	185324	81812	77136	134291
化学纤维制造业	34111	8737	7585	24323
橡胶和塑料制品业	169992	38183	35830	122867
非金属矿物制品业	209699	41668	49163	144019
黑色金属冶炼和压延加工业	126611	15774	35664	87159
有色金属冶炼和压延加工业	106402	17727	28775	72727
金属制品业	209509	36784	48440	151006
通用设备制造业	354432	58553	107353	263754
专用设备制造业	312136	54122	107577	224470
汽车制造业	347140	57185	122049	256327
铁路、船舶、航空航天和其他运输设备制造业	144080	30051	58424	103892
电气机械和器材制造业	465225	97672	137321	346108
计算机、通信和其他电子设备制造业	806188	175943	269256	632970
仪器仪表制造业	116128	21565	46016	88814
其他制造业	20473	5165	6256	15461
废弃资源综合利用业	9318	1766	2339	6572
金属制品、机械和设备修理业	8273	1068	3339	5537

1-3-2 续表

行 业	R&D人员(人)	#女性	#研究人员	R&D人员折合全时当量(人年)
电力、热力、燃气及水生产和供应业	**63575**	**10157**	**26289**	**35055**
电力、热力生产和供应业	49192	7189	21435	25371
燃气生产和供应业	7474	1417	2341	4901
水的生产和供应业	6909	1551	2513	4783
建筑业	**179069**	**24723**	**77224**	**131160**
房屋建筑业	67990	9599	29127	49093
土木工程建筑业	80462	9915	36637	58536
建筑安装业	13795	2022	5431	10648
建筑装饰和其他建筑业	16822	3187	6029	12884
交通运输、仓储和邮政业	**17088**	**3457**	**6550**	**9171**
铁路运输业	3451	445	1089	1528
道路运输业	7363	1887	3276	4204
水上运输业	2052	220	741	1050
航空运输业	446	72	205	228
管道运输业	547	105	241	231
多式联运和运输代理业	1380	404	405	890
装卸搬运和仓储业	1469	259	425	770
邮政业	380	65	168	270
信息传输、软件和信息技术服务业	**368328**	**90190**	**177464**	**276438**
电信、广播电视和卫星传输服务	21789	5980	8792	17826
互联网和相关服务	95647	25246	47449	76702
软件和信息技术服务业	250892	58964	121223	181909
租赁和商务服务业	**23323**	**6653**	**10841**	**16271**
租赁业	1723	269	667	1040
商务服务业	21600	6384	10174	15231
科学研究和技术服务业	**217988**	**60475**	**110096**	**146180**
研究和试验发展	47703	17193	24883	33236
专业技术服务业	151082	37675	75812	100172
科技推广和应用服务业	19203	5607	9401	12772
水利、环境和公共设施管理业	**8216**	**2243**	**3166**	**5797**
水利管理业	564	138	291	457
生态保护和环境治理业	4017	948	1752	2879
公共设施管理业	3430	1092	1027	2333
土地管理业	205	65	96	129
卫生和社会工作	**6571**	**3594**	**2937**	**4254**
卫生	6533	3581	2926	4229
社会工作	38	13	11	25
文化、体育和娱乐业	**4087**	**1383**	**1679**	**2605**
新闻和出版业	849	420	332	563
广播、电视、电影和影视录音制作业	1744	389	853	1349
文化艺术业	439	176	157	272
体育	83	25	35	65
娱乐业	972	373	302	356

1-3-3 各地区全部企业R&D人员情况

地　区	R&D人员（人）	#女性	#研究人员	R&D人员折合全时当量（人年）
全　国	**5592171**	**1249796**	**1834041**	**4052285**
东部地区	3763614	855664	1200183	2804672
中部地区	1085332	230249	357476	759088
西部地区	596403	128771	216761	389429
东北地区	146822	35112	59621	99096
北　京	200806	56287	100138	141975
天　津	89648	21440	36540	61234
河　北	140026	27028	42131	96081
山　西	57752	9905	16612	35129
内蒙古	30817	6460	11546	19189
辽　宁	102270	23483	40461	71202
吉　林	21184	5521	9280	12572
黑龙江	23368	6108	9880	15322
上　海	202147	50664	91334	146729
江　苏	778303	180535	255306	587778
浙　江	681027	154251	164093	534940
安　徽	209531	39376	67744	151139
福　建	215030	52333	70098	157042
江　西	148116	34153	41128	106933
山　东	418425	98688	136189	284203
河　南	244979	52510	79617	173729
湖　北	221161	49884	78765	149578
湖　南	203793	44421	73610	142580
广　东	1034768	213282	303010	792422
广　西	36931	7370	13722	24380
海　南	3434	1156	1344	2268
重　庆	116737	24455	38556	79210
四　川	179217	38732	66928	114443
贵　州	46487	9295	14257	29489
云　南	55305	11507	17554	37217
西　藏	328	93	136	204
陕　西	85042	20935	37042	58714
甘　肃	16349	3521	6772	10058
青　海	4096	864	1690	2273
宁　夏	14699	3075	4583	8794
新　疆	10395	2464	3975	5458

1-4-1 分登记注册类型全部企业R&D经费内部支出情况

单位：万元

登记注册类型	R&D经费内部支出	日常性支出	#人员劳务费	资产性支出	#仪器和设备	#政府资金	#企业资金
合　计	**183572243**	**170611657**	**66955577**	**12960586**	**12667219**	**5236310**	**177255598**
内资企业	**146283405**	**135763875**	**51502518**	**10519531**	**10273492**	**4699114**	**141157600**
国有企业	2237403	2068028	914743	169375	164691	190125	2033230
集体企业	85953	77127	36158	8826	8690	300	85492
股份合作企业	99135	93352	35936	5783	5671	545	98396
联营企业	35250	27743	12644	7507	7443	222	34971
国有联营企业	10429	10384	5491	45	15	90	10339
集体联营企业	683	670	285	13			683
国有与集体联营企业	1761	1611	449	151	148	5	1756
其他联营企业	22377	15078	6418	7298	7280	127	22193
有限责任公司	56539298	52516589	20966488	4022709	3916002	2844434	53476080
国有独资公司	7778805	7321807	2780994	456997	442117	740297	6967829
其他有限责任公司	48760493	45194782	18185494	3565712	3473885	2104137	46508251
股份有限公司	24380346	22873282	9260511	1507064	1480372	904882	23390808
私营企业	62717217	57923652	20244481	4793565	4685984	752970	61855457
私营独资企业	454224	423195	106235	31029	30109	1772	451677
私营合伙企业	65456	61395	17957	4061	3714	328	65025
私营有限责任公司	52922502	48856517	16559116	4065985	3976770	551407	52284131
私营股份有限公司	9275035	8582546	3561174	692489	675391	199463	9054624
其他企业	188805	184102	31558	4702	4642	5638	183167
港、澳、台商投资企业	**17192723**	**16108996**	**7749578**	**1083727**	**1068877**	**240326**	**16840535**
合资经营企业	4920179	4632270	1821699	287909	282898	65045	4846295
合作经营企业	142887	126343	32359	16544	16923	679	134192
港、澳、台商独资经营企业	10899762	10184490	5444006	715272	706694	151814	10653386
港、澳、台商投资股份有限公司	1122631	1062308	410644	60323	58763	16521	1105665
其他港、澳、台投资企业	107265	103585	40870	3680	3599	6268	100997
外商投资企业	**20096115**	**18738786**	**7703481**	**1357329**	**1324850**	**296870**	**19257463**
中外合资经营企业	9261080	8626465	2943013	634615	616293	154132	9006616
中外合作经营企业	154645	151349	52422	3296	3077	1227	151841
外资企业	9489185	8835924	4311359	653261	640804	106767	8955567
外商投资股份有限公司	1037334	989733	359640	47602	46493	32087	992238
其他外商投资企业	153871	135316	37047	18556	18182	2657	151203

1-4-2　分行业全部企业R&D经费内部支出情况

单位：万元

行　　业	R&D经费内部支出	日常性支　出	#人　员劳务费	资产性支　出	#仪器和设　备	#政府资金	#企业资金
合　计	**183572243**	**170611657**	**66955577**	**12960586**	**12667219**	**5236310**	**177255598**
采矿业	**2948011**	**2748644**	**970422**	**199367**	**192396**	**75886**	**2867359**
煤炭开采和洗选业	1200800	1087449	401213	113351	110767	10237	1189255
石油和天然气开采业	801309	776901	317449	24407	22651	46364	754297
黑色金属矿采选业	182605	171527	50628	11078	10916	348	182210
有色金属矿采选业	226239	212629	68455	13611	12279	2270	223539
非金属矿采选业	202568	184632	43289	17936	16926	1175	200922
开采及其他辅助性活动	333718	314733	88967	18984	18857	15493	316362
其他采矿业	774	774	422				774
制造业	**147838121**	**136808834**	**47015938**	**11029287**	**10772071**	**4099285**	**143136659**
农副食品加工业	2765772	2607129	562547	158643	152786	33407	2725048
食品制造业	1572920	1450998	491505	121922	118599	23973	1547001
酒、饮料和精制茶制造业	896759	830138	267479	66621	63953	16567	877417
烟草制品业	280012	251757	135561	28255	28010	234	275428
纺织业	2313584	2079536	795830	234048	225443	17187	2290682
纺织服装、服饰业	1057885	1002727	365141	55158	53585	10275	1043760
皮革、毛皮、羽毛及其制品和制鞋业	902544	868624	282421	33920	32592	5486	894698
木材加工和木、竹、藤、棕、草制品业	672874	627691	144595	45182	43572	4521	667405
家具制造业	907096	864792	307233	42304	41268	3066	902967
造纸和纸制品业	1365798	1252749	358897	113049	109973	9843	1354444
印刷和记录媒介复制业	935793	842972	278407	92821	91340	5399	928757
文教、工美、体育和娱乐用品制造业	1014973	947753	393380	67220	65146	9765	999246
石油加工、炼焦和核燃料加工业	1895685	1774464	288285	121221	116583	4145	1887856
化学原料和化学制品制造业	7972319	7366140	2315413	606178	587968	125913	7813114
医药制造业	7845971	7227422	2053147	618550	604871	196865	7609088
化学纤维制造业	1323593	1207681	261634	115911	114071	10070	1310519
橡胶和塑料制品业	4448226	4085615	1214344	362611	354527	31860	4404644
非金属矿物制品业	5131083	4589600	1344898	541484	527457	54856	5039685
黑色金属冶炼和压延加工业	7992979	7389354	1063751	603624	601323	35106	7956439
有色金属冶炼和压延加工业	4187730	3927545	805099	260186	248985	78650	4105988
金属制品业	5619467	5161074	1392099	458394	450226	131977	5476230
通用设备制造业	9778885	9065468	3382469	713417	702997	204281	9527591
专用设备制造业	9659894	9195112	3416901	464783	451070	325580	9291789
汽车制造业	13634058	12730073	4647380	903985	876451	172366	13369490
铁路、船舶、航空航天和其他运输设备制造业	4851675	4563513	1527869	288162	279173	902796	3925036
电气机械和器材制造业	15670594	14645238	4673009	1025356	1001750	195879	15422883
计算机、通信和其他电子设备制造业	29151621	26501910	12583670	2649711	2596491	1325784	27682745
仪器仪表制造业	2937058	2758861	1374885	178197	174845	120604	2807748
其他制造业	480696	459069	150521	21627	21169	39238	435935
废弃资源综合利用业	384048	361039	57973	23009	22274	2455	381473
金属制品、机械和设备修理业	186531	172791	79594	13740	13574	1139	181553

1-4-2 续表

单位：万元

行业	R&D经费内部支出	日常性支出	#人员劳务费	资产性支出	#仪器和设备	#政府资金	#企业资金
电力、热力、燃气及水生产和供应业	**1926772**	**1660442**	**534702**	**266330**	**255577**	**14767**	**1910077**
电力、热力生产和供应业	1518190	1291618	398467	226572	217499	11687	1505376
燃气生产和供应业	236470	226773	79433	9697	8267	195	236083
水的生产和供应业	172113	142051	56801	30062	29810	2885	168618
建筑业	**6814531**	**6603260**	**2966798**	**211272**	**207283**	**46454**	**6739653**
房屋建筑业	2673452	2621679	1195438	51773	48382	12538	2650426
土木工程建筑业	3279032	3133777	1331513	145256	145319	16745	3244383
建筑安装业	389611	384659	211167	4952	4465	5867	383744
建筑装饰、装修和其他建筑业	472436	463145	228680	9291	9117	11304	461100
交通运输、仓储和邮政业	**349561**	**331634**	**181317**	**17927**	**17514**	**11557**	**337852**
铁路运输业	**22459**	**19668**	**10934**	**2791**	**2789**		**22459**
道路运输业	186305	177781	99431	8525	8342	7943	178240
水上运输业	46806	44522	21466	2284	2247	767	46039
航空运输业	8996	8543	4701	453	453	1190	7806
管道运输业	12318	12194	4499	124	122		12318
多式联运和运输代理业	27457	26993	14578	463	307	69	27387
装卸搬运和仓储业	31228	27972	15944	3256	3224	1587	29611
邮政业	13994	13961	9765	32	32		13994
信息传输、软件和信息技术服务业	**14696347**	**13962070**	**10295301**	**734278**	**728789**	**368087**	**14142220**
电信、广播电视和卫星传输服务	1118036	1063124	732823	54912	53933	3719	1017310
互联网和相关服务	5008929	4551990	3507183	456940	457656	21989	4969998
软件和信息技术服务业	8569382	8346956	6055295	222426	217200	342379	8154912
租赁和商务服务业	**996274**	**973726**	**515942**	**22549**	**21001**	**64254**	**849244**
租赁业	40799	38483	20585	2317	2091	404	40395
商务服务业	955475	935243	495357	20232	18910	63850	808849
科学研究和技术服务业	**7457441**	**7017245**	**4230968**	**440196**	**433635**	**533495**	**6750564**
研究和试验发展	2641332	2407161	1104299	234171	231031	277227	2229496
专业技术服务业	3987143	3844341	2707088	142802	140537	223806	3744690
科技推广和应用服务业	828967	765743	419581	63224	62067	32462	776379
水利、环境和公共设施管理业	**232251**	**223259**	**83020**	**8992**	**8874**	**12058**	**219957**
水利管理业	8394	7806	5171	589	586	88	8306
生态保护和环境治理业	127484	121379	53435	6105	6042	10033	117385
公共设施管理业	82696	80512	21697	2184	2134	1869	80657
土地管理业	13677	13562	2717	115	112	68	13609
卫生和社会工作	**169928**	**149150**	**77771**	**20778**	**20585**	**4837**	**164854**
卫生	169597	148821	77470	20776	20583	4837	164522
社会工作	331	329	301	2	2		331
文化、体育和娱乐业	**143004**	**133395**	**83399**	**9610**	**9495**	**5630**	**137161**
新闻和出版业	20810	20533	13808	277	271	1217	19594
广播、电视、电影和影视录音制作业	95633	86830	56090	8803	8713	4025	91598
文化艺术业	8539	8483	4814	56	54	245	8291
体育	1899	1899	1407				1899
娱乐业	16124	15650	7281	474	458	143	15780

1-4-3 各地区全部企业R&D经费内部支出情况

单位：万元

地区	R&D经费内部支出	日常性支出	#人员劳务费	资产性支出	#仪器和设备	#政府资金	#企业资金
全国	**183572243**	**170611657**	**66955577**	**12960586**	**12667219**	**5236310**	**177255598**
东部地区	122818665	114424482	49148270	8394183	8210424	2807832	119203323
中部地区	35380744	32681614	10155761	2699130	2630688	1152716	34052150
西部地区	20056306	18440528	6155890	1615779	1580678	1001802	18975105
东北地区	5316529	5065034	1495655	251495	245429	273961	5025021
北京	9896711	9144503	5656615	752208	746657	461380	9261859
天津	3543205	3271451	1137778	271754	269147	68832	3422322
河北	5376628	4990490	1239067	386138	377411	51821	5319328
山西	1743901	1636779	412651	107122	105017	55387	1685283
内蒙古	1347631	1263225	237239	84406	82674	46365	1300935
辽宁	3685676	3534352	1003899	151324	148845	191234	3482050
吉林	816302	756894	234887	59408	57535	11195	803170
黑龙江	814551	773788	256870	40763	39049	71532	739801
上海	10390967	9869696	4910436	521271	511254	610251	9529044
江苏	25998657	23853073	9392569	2145584	2108534	285368	25589490
浙江	16103940	15103221	6644085	1000719	981383	230091	15842596
安徽	6958879	6418750	2239765	540129	520762	182043	6736008
福建	7302068	6778843	2754680	523225	515752	151876	7130122
江西	3615214	3257917	844406	357297	350791	55814	3559135
山东	15024883	14221555	4356744	803328	777743	244785	14708751
河南	7816401	6963350	2199956	853051	839688	103969	7618468
湖北	7670454	7044124	2087107	626330	611710	470423	7167439
湖南	7575896	7360695	2371875	215201	202719	285081	7285817
广东	29050770	27066848	13018894	1983922	1916525	701805	28271209
广西	1284749	1080477	341701	204272	205687	35688	1246738
海南	130835	124801	37402	6035	6017	1623	128603
重庆	4104474	3757509	1258063	346965	334640	124660	3974478
四川	5450270	5035484	2125321	414786	405656	272942	5142412
贵州	1220759	1111312	314125	109447	107156	124601	1088645
云南	1738063	1666601	468099	71461	68749	29765	1700832
西藏	9217	8698	3573	519	500	234	8982
陕西	3303087	3051583	1050620	251503	244876	322037	2975864
甘肃	579228	524569	155288	54659	53752	10146	555082
青海	135371	131811	31356	3560	3437	5249	129837
宁夏	464587	408225	73413	56362	55910	23184	441029
新疆	418872	401034	97094	17839	17642	6929	410272

1-5-1 分登记注册类型全部企业办研发机构情况

登记注册类型	机构数（个）	机构人员数（人）	#博士	#硕士	机构经费支出（万元）	仪器和设备原价（万元）
合　计	**117710**	**4690661**	**60337**	**593986**	**175926459**	**113736155**
内资企业	**103640**	**3769251**	**52182**	**484552**	**138985211**	**86124648**
国有企业	794	57490	1180	11918	2145753	2975337
集体企业	86	1914	30	236	68469	63630
股份合作企业	194	3293	27	141	75802	74340
联营企业	18	731	7	64	22912	12061
国有联营企业	6	117		6	3531	1953
集体联营企业	1	24			566	138
其他联营企业	8	496	7	54	17687	9707
有限责任公司	20166	1230652	21412	229555	56858043	35707754
国有独资公司	1835	152183	3425	34819	7034605	6185396
其他有限责任公司	18331	1078469	17987	194736	49823438	29522358
股份有限公司	7376	649281	10715	127002	25887621	14165506
私营企业	74990	1822472	18795	114958	53880798	33042014
私营独资企业	847	9757	98	371	301844	160382
私营合伙企业	152	1994	13	62	42783	33096
私营有限责任公司	66379	1504589	14212	89451	44672629	26980666
私营股份有限公司	7612	306132	4472	25074	8863542	5867870
其他企业	16	3418	16	678	45813	84006
港、澳、台商投资企业	**7257**	**492371**	**4053**	**55100**	**18794687**	**12622826**
合资经营企业	2184	123341	1099	9814	4433995	3806947
合作经营企业	74	3251	26	312	88608	62512
港、澳、台商独资经营企业	4494	317795	2410	40503	12910606	6851576
港、澳、台商投资股份有限公司	444	44800	493	4157	1277986	1858401
其他港、澳、台投资企业	61	3184	25	314	83492	43389
外商投资企业	**6813**	**429039**	**4102**	**54334**	**18146561**	**14988682**
中外合资经营企业	2544	174155	1800	26908	9043488	6725267
中外合作经营企业	50	2644	11	184	78999	215983
外资企业	3904	226600	1844	24104	7938679	7377230
外商投资股份有限公司	248	22201	394	2851	906213	556813
其他外商投资企业	67	3439	53	287	179181	113389

1-5-2 分行业全部企业办研发机构情况

行业	机构数(个)	机构人员数(人)	#博士	#硕士	机构经费支出(万元)	仪器和设备原价(万元)
合计	**117710**	**4690661**	**60337**	**593986**	**175926459**	**113736155**
采矿业	**724**	**56822**	**1443**	**12225**	**1573769**	**1339587**
煤炭开采和洗选业	211	17688	204	1890	296091	369393
石油和天然气开采业	93	23881	941	8687	798794	514290
黑色金属矿采选业	72	3053	127	398	82429	113419
有色金属矿采选业	106	4009	31	258	101896	113700
非金属矿采选业	209	3470	33	168	97684	104188
开采及其他辅助性活动	33	4721	107	824	196875	124597
制造业	**103543**	**3632656**	**43566**	**397938**	**133375589**	**94901503**
农副食品加工业	2990	49045	1538	4806	1624463	1140363
食品制造业	1887	48860	1047	4700	1327573	1387690
酒、饮料和精制茶制造业	1023	27541	470	2154	768085	829629
烟草制品业	64	4071	259	1307	349670	441569
纺织业	4001	95051	537	2131	2143203	1750556
纺织服装、服饰业	1564	39896	195	850	714403	466643
皮革、毛皮、羽毛及其制品和制鞋业	1307	29849	136	355	498956	254074
木材加工和木、竹、藤、棕、草制品业	798	13808	109	413	366151	278337
家具制造业	1370	38256	91	574	809065	403255
造纸和纸制品业	1315	38250	212	767	1359430	1246278
印刷和记录媒介复制业	1241	30152	189	756	686039	811350
文教、工美、体育和娱乐用品制造业	1979	50794	254	1187	954342	557035
石油加工、炼焦和核燃料加工业	416	17787	259	1895	1266071	1463234
化学原料和化学制品制造业	7170	181068	3939	18109	6938852	5427395
医药制造业	3756	163800	5070	32126	7633424	5717273
化学纤维制造业	633	26116	220	1019	1071174	911878
橡胶和塑料制品业	5725	132463	971	4935	3388346	6306928
非金属矿物制品业	5886	136540	1332	5556	3832658	4276697
黑色金属冶炼和压延加工业	1048	64857	900	4723	5754814	2903119
有色金属冶炼和压延加工业	2025	67662	973	4665	3196838	2324689
金属制品业	6800	161923	1291	6103	4117420	4165277
通用设备制造业	9536	263965	2181	19939	7269987	7022205
专用设备制造业	8209	245101	3027	29148	7654612	4626519
汽车制造业	5021	283607	2238	36232	13712207	8742107
铁路、船舶、航空航天和其他运输设备制造业	1682	109020	1043	19982	3787505	3819996
电气机械和器材制造业	11600	410581	3866	33819	13645684	8383758
计算机、通信和其他电子设备制造业	10850	774525	9852	145118	35092442	16356039
仪器仪表制造业	2664	99703	1120	11847	2533918	1846827
其他制造业	510	16576	155	1700	488094	655023
废弃资源综合利用业	363	6299	77	331	270717	210078
金属制品、机械和设备修理业	110	5490	15	691	119446	175685

1-5-2 续表

行　　业	机构数	机构人员数			机构经费支　出	仪 器 和设备原价
			#博士	#硕士		
	(个)	(人)			(万元)	(万元)
电力、热力、燃气及水生产和供应业	**827**	**23792**	**708**	**3699**	**886256**	**2272413**
电力、热力生产和供应业	509	15270	581	2887	615905	1929490
燃气生产和供应业	141	5200	50	314	171267	232215
水的生产和供应业	177	3322	77	498	99084	110708
建筑业	**2438**	**226380**	**2437**	**17606**	**11558166**	**4316358**
房屋建筑业	1094	92736	1286	6671	4847844	1122095
土木工程建筑业	854	99049	929	8230	5306093	2927402
建筑安装业	220	13533	113	1292	672512	128627
建筑装饰、装修和其他建筑业	270	21062	109	1413	731716	138235
交通运输、仓储和邮政业	**347**	**12207**	**74**	**1060**	**313695**	**590427**
铁路运输业	4	2044	3	102	15745	22179
道路运输业	164	5151	49	579	154156	151831
水上运输业	27	714	3	88	23170	167731
航空运输业	9	331	4	61	15297	19891
管道运输业	2	345	2	80	18913	86119
多式联运和运输代理业	69	2087		67	49637	66920
装卸搬运和仓储业	61	1249	8	38	25070	72473
邮政业	11	286	5	45	11707	3284
信息传输、软件和信息技术服务业	**5052**	**514136**	**4813**	**99753**	**20355448**	**5856901**
电信、广播电视和卫星传输服务	143	14219	322	4591	749631	422660
互联网和相关服务	630	92103	1262	25178	6384132	1587614
软件和信息技术服务业	4279	407814	3229	69984	13221686	3846627
租赁和商务服务业	**509**	**20204**	**480**	**3944**	**829372**	**207554**
租赁业	46	1234	5	44	29069	19221
商务服务业	463	18970	475	3900	800302	188333
科学研究和技术服务业	**3738**	**189036**	**6437**	**55397**	**6682954**	**3875138**
研究和试验发展	733	44354	2573	15527	2980385	1683862
专业技术服务业	2610	127893	3244	36192	3053527	1930385
科技推广和应用服务业	395	16789	620	3678	649041	260891
水利、环境和公共设施管理业	**244**	**6993**	**144**	**974**	**178850**	**235168**
水利管理业	5	175	1	24	2772	332
生态保护和环境治理业	143	3612	117	735	106296	210640
公共设施管理业	93	3145	26	204	61777	23681
土地管理业	3	61		11	8006	515
卫生和社会工作	**165**	**4856**	**193**	**875**	**96201**	**101617**
卫生	165	4856	193	875	96201	101617
文化、体育和娱乐业	**123**	**3579**	**42**	**515**	**76160**	**39491**
新闻和出版业	24	1349	28	341	24047	13645
广播、电视、电影和影视录音制作业	31	1356	2	90	35310	18108
文化艺术业	17	360	2	41	8309	4631
体育	4	52	1	7	1316	470
娱乐业	47	462	9	36	7178	2636

1-5-3 各地区全部企业办研发机构情况

地 区	机构数（个）	机构人员数（人）	#博士	#硕士	机构经费支出（万元）	仪器和设备原价（万元）
全 国	**117710**	**4690661**	**60337**	**593986**	**175926459**	**113736155**
东部地区	87009	3513395	41581	437694	135403075	76106602
中部地区	21380	712670	11051	81099	23832369	19425604
西部地区	8191	388836	6555	62410	13785604	15123137
东北地区	1130	75760	1150	12783	2905411	3080811
北 京	1159	171461	4441	44544	9095843	4011577
天 津	763	57946	1187	12501	1973208	1669582
河 北	2778	118135	1228	12166	4594188	3737837
山 西	1199	62558	672	5636	1700957	1886220
内蒙古	190	15069	171	1984	445211	422160
辽 宁	684	40747	470	6793	1327338	1584532
吉 林	213	16877	333	3082	909283	729101
黑龙江	233	18136	347	2908	668791	767178
上 海	1249	118203	3150	32634	7690722	4199834
江 苏	20462	626755	7171	61486	21955976	18705050
浙 江	18946	622529	4320	46062	21017754	12110433
安 徽	7176	180549	2706	17608	5999835	5799147
福 建	2450	125816	1124	9506	3884182	2458851
江 西	4634	117345	899	6457	3996233	2608063
山 东	6120	223349	4147	30098	8948897	6485982
河 南	2619	121075	2008	14057	3719912	3119690
湖 北	3429	140320	2700	20963	4903951	3870005
湖 南	2323	90823	2066	16378	3511481	2142478
广 东	33007	1445985	14784	188344	56098364	22663579
广 西	520	23289	303	2493	914418	583287
海 南	75	3216	29	353	143940	63877
重 庆	2383	87100	1031	9871	3195591	6363398
四 川	2157	114654	2541	21672	4033082	2790552
贵 州	777	25982	275	2595	831296	849970
云 南	597	23623	372	2454	868526	775924
西 藏	5	330	2	25	1386	27366
陕 西	830	62127	1017	16697	2548288	2207426
甘 肃	234	12790	232	1482	195780	304491
青 海	79	2976	40	309	77687	85697
宁 夏	249	9018	275	641	252904	373545
新 疆	170	11878	296	2187	421434	339322

1-6-1　分登记注册类型全部企业自主知识产权及相关情况

单位：件

行　　业	专　利 申请数	#发明专利	有效发明 专 利 数
合　计	**1589424**	**636905**	**1832645**
内资企业	**1372310**	**536815**	**1547246**
国有企业	31133	17683	32573
集体企业	951	382	1019
股份合作企业	921	234	787
联营企业	370	192	259
国有联营企业	196	98	85
集体联营企业			11
国有与集体联营企业	57	45	47
其他联营企业	117	49	116
有限责任公司	449293	214576	586557
国有独资公司	78745	40979	92014
其他有限责任公司	370548	173597	494543
股份有限公司	202717	102311	312757
私营企业	686350	201172	612708
私营独资企业	3658	901	2235
私营合伙企业	783	205	477
私营有限责任公司	576634	160846	486981
私营股份有限公司	105275	39220	123015
其他企业	575	265	586
港、澳、台商投资企业	**115481**	**57958**	**153952**
合资经营企业	31797	12339	39879
合作经营企业	508	180	746
港、澳、台商独资经营企业	75056	42280	101447
港、澳、台商投资股份有限公司	7294	2863	10955
其他港、澳、台投资企业	826	296	925
外商投资企业	**101633**	**42132**	**131447**
中外合资经营企业	46281	19062	54652
中外合作经营企业	729	191	622
外资企业	44898	19093	64822
外商投资股份有限公司	8817	3428	10441
其他外商投资企业	908	358	910

1-6-2 分行业全部企业自主知识产权及相关情况

单位：件

行 业	专 利 申请数	#发明专利	有效发明 专 利 数
合 计	**1589424**	**636905**	**1832645**
采矿业	**14093**	**5525**	**13319**
煤炭开采和洗选业	4970	1128	2500
石油和天然气开采业	3907	2251	4481
黑色金属矿采选业	1064	489	1920
有色金属矿采选业	1308	332	945
非金属矿采选业	942	229	819
开采及其他辅助性活动	1894	1095	2642
其他采矿业	8	1	12
制造业	**1195111**	**421308**	**1397644**
农副食品加工业	14147	4051	13432
食品制造业	12547	4529	15095
酒、饮料和精制茶制造业	5032	1339	4497
烟草制品业	6348	2400	4977
纺织业	18905	4532	15444
纺织服装、服饰业	7835	1429	4938
皮革、毛皮、羽毛及其制品和制鞋业	6259	902	2948
木材加工和木、竹、藤、棕、草制品业	4825	1165	3879
家具制造业	14562	1679	6653
造纸和纸制品业	9895	2137	7941
印刷和记录媒介复制业	9006	1951	7731
文教、工美、体育和娱乐用品制造业	17111	2787	12488
石油加工、炼焦和核燃料加工业	4243	1552	5673
化学原料和化学制品制造业	52887	21695	75728
医药制造业	29107	14633	56784
化学纤维制造业	3944	1089	4455
橡胶和塑料制品业	44485	11090	38955
非金属矿物制品业	48345	12512	41678
黑色金属冶炼和压延加工业	19605	7476	21280
有色金属冶炼和压延加工业	18276	5923	21020
金属制品业	56941	13190	51889
通用设备制造业	110510	31151	115282
专用设备制造业	113454	35702	130208
汽车制造业	75576	22676	71478
铁路、船舶、航空航天和其他运输设备制造业	33983	15158	43238
电气机械和器材制造业	183963	59507	167931
计算机、通信和其他电子设备制造业	224990	122293	402244
仪器仪表制造业	38118	13511	39798
其他制造业	5879	1770	6522
废弃资源综合利用业	2900	942	1990
金属制品、机械和设备修理业	1433	537	1468

1-6-2 续表

单位：件

行 业	专 利申请数	#发明专利	有效发明专利数
电力、热力、燃气及水生产和供应业	**34723**	**19236**	**36987**
电力、热力生产和供应业	31939	18555	35020
燃气生产和供应业	1118	226	589
水的生产和供应业	1666	455	1378
建筑业	**73186**	**21939**	**42714**
房屋建筑业	31152	9149	16220
土木工程建筑业	27794	8631	18665
建筑安装业	4335	949	3350
建筑装饰、装修和其他建筑业	9905	3210	4479
交通运输、仓储和邮政业	**4010**	**1461**	**3785**
铁路运输业	**417**	**184**	**408**
道路运输业	1977	770	1551
水上运输业	669	180	775
航空运输业	121	51	105
管道运输业	100	30	202
多式联运和运输代理业	201	72	313
装卸搬运和仓储业	342	100	384
邮政业	183	74	47
信息传输、软件和信息技术服务业	**153641**	**113527**	**196331**
电信、广播电视和卫星传输服务	6239	5295	11712
互联网和相关服务	36059	30055	45458
软件和信息技术服务业	111343	78177	139161
租赁和商务服务业	**9838**	**4918**	**16604**
租赁业	746	191	691
商务服务业	9092	4727	15913
科学研究和技术服务业	**98805**	**47059**	**117996**
研究和试验发展	28354	18273	40627
专业技术服务业	56541	21107	58307
科技推广和应用服务业	13910	7679	19062
水利、环境和公共设施管理业	**3768**	**1188**	**3760**
水利管理业	266	76	208
生态保护和环境治理业	2287	826	2228
公共设施管理业	1207	286	1308
土地管理业	8		16
卫生和社会工作	**1121**	**404**	**978**
卫生	1121	404	978
文化、体育和娱乐业	**1128**	**340**	**2527**
新闻和出版业	96	38	136
广播、电视、电影和影视录音制作业	570	216	2138
文化艺术业	223	38	102
体育	41	5	20
娱乐业	198	43	131

1-6-3　各地区全部企业自主知识产权及相关情况

单位：件

地　区	专　利 申请数	#发明专利	有效发明 专利数
全　国	**1589424**	**636905**	**1832645**
东部地区	1149710	471469	1363618
中部地区	261127	95750	261004
西部地区	144164	56404	158498
东北地区	34423	13282	49525
北　京	120466	75875	188308
天　津	27155	9093	33085
河　北	28450	8883	32827
山　西	11917	4050	12772
内蒙古	6756	2583	6424
辽　宁	20759	7470	33022
吉　林	7077	2960	7427
黑龙江	6587	2852	9076
上　海	69742	34728	98720
江　苏	219642	73625	250411
浙　江	158315	45935	108122
安　徽	73688	30213	77132
福　建	50709	15081	48985
江　西	32432	7328	19760
山　东	93874	33235	89396
河　南	45456	12486	42598
湖　北	55356	23823	62818
湖　南	42278	17850	45924
广　东	380205	174491	511733
广　西	8615	3237	9548
海　南	1152	523	2031
重　庆	24844	8591	25223
四　川	44391	18698	52836
贵　州	9608	4425	10084
云　南	11624	3632	11088
西　藏	130	30	254
陕　西	22661	9854	28866
甘　肃	4511	1382	4582
青　海	1701	584	1223
宁　夏	4078	1498	3295
新　疆	5245	1890	5075

1-7-1　分登记注册类型全部企业政府相关政策落实情况

单位：万元

登记注册类型	研究开发费用加计扣除减免税	高新技术企业减免税
合　计	**24219066**	**21615919**
内资企业	**19559422**	**16188256**
国有企业	249757	187605
集体企业	11084	7939
股份合作企业	18793	7499
联营企业	2099	653
国有联营企业	1035	528
集体联营企业		59
国有与集体联营企业	130	
其他联营企业	934	66
有限责任公司	7029346	5945074
国有独资公司	878335	763606
其他有限责任公司	6151012	5181469
股份有限公司	3095277	3400569
私营企业	9144236	6622597
私营独资企业	35182	52494
私营合伙企业	7147	2947
私营有限责任公司	7669589	4783050
私营股份有限公司	1432319	1784107
其他企业	8830	16321
港、澳、台商投资企业	**2390048**	**2825089**
合资经营企业	570827	708090
合作经营企业	18705	36950
港、澳、台商独资经营企业	1582982	1801699
港、澳、台商投资股份有限公司	209624	267108
其他港、澳、台投资企业	7911	11242
外商投资企业	**2269596**	**2602575**
中外合资经营企业	1053260	1293765
中外合作经营企业	25859	39136
外资企业	971575	1068269
外商投资股份有限公司	158174	185372
其他外商投资企业	60727	16031

1-7-2 分行业全部企业政府相关政策落实情况

单位：万元

行 业	研究开发费用 加计扣除减免税	高新技术 企业减免税
合 计	**24219066**	**21615919**
采矿业	**312547**	**212846**
煤炭开采和洗选业	123907	52678
石油和天然气开采业	124117	28629
黑色金属矿采选业	10431	41189
有色金属矿采选业	23006	63472
非金属矿采选业	13141	16122
开采及其他辅助性活动	16487	10509
其他采矿业	1458	247
制造业	**16687858**	**16024191**
农副食品加工业	203968	118976
食品制造业	192065	244364
酒、饮料和精制茶制造业	71747	50185
烟草制品业	1258	10779
纺织业	243657	208562
纺织服装、服饰业	85209	41360
皮革、毛皮、羽毛及其制品和制鞋业	46495	31716
木材加工和木、竹、藤、棕、草制品业	50924	40536
家具制造业	100554	93312
造纸和纸制品业	157812	245111
印刷和记录媒介复制业	108547	121262
文教、工美、体育和娱乐用品制造业	130223	73211
石油加工、炼焦和核燃料加工业	115482	82339
化学原料和化学制品制造业	1027868	1378012
医药制造业	1107671	1804536
化学纤维制造业	102257	61594
橡胶和塑料制品业	496670	501230
非金属矿物制品业	626752	642360
黑色金属冶炼和压延加工业	497966	554382
有色金属冶炼和压延加工业	383798	346743
金属制品业	571380	430519
通用设备制造业	1166397	1196898
专用设备制造业	1230871	1381220
汽车制造业	1454465	1163801
铁路、船舶、航空航天和其他运输设备制造业	457598	446211
电气机械和器材制造业	1767060	2198103
计算机、通信和其他电子设备制造业	3714269	2052118
仪器仪表制造业	438665	422549
其他制造业	72280	26986
废弃资源综合利用业	33905	32999
金属制品、机械和设备修理业	30050	22220

1-7-2 续表

单位：万元

行　业	研究开发费用加计扣除减免税	高新技术企业减免税
电力、热力、燃气及水生产和供应业	**133684**	**161192**
电力、热力生产和供应业	100984	93318
燃气生产和供应业	16376	45416
水的生产和供应业	16324	22459
建筑业	**943829**	**1008107**
房屋建筑业	331202	430627
土木工程建筑业	450447	398493
建筑安装业	75733	70174
建筑装饰、装修和其他建筑业	86447	108814
交通运输、仓储和邮政业	**78500**	**77189**
铁路运输业	1655	2719
道路运输业	40766	34104
水上运输业	5382	14041
航空运输业	9465	1437
管道运输业	901	4441
装卸搬运和运输代理业	10016	4310
仓储业	6477	4927
邮政业	3838	11211
信息传输、软件和信息技术服务业	**4848723**	**2767736**
电信、广播电视和卫星传输服务	117028	38503
互联网和相关服务	1180845	1123379
软件和信息技术服务业	3550850	1605854
租赁和商务服务业	**186595**	**109207**
租赁业	9299	7377
商务服务业	177296	101831
科学研究和技术服务业	**938668**	**1143197**
研究和试验发展	184413	160996
专业技术服务业	608479	880484
科技推广和应用服务业	145777	101717
水利、环境和公共设施管理业	**38641**	**47980**
水利管理业	534	2045
生态保护和环境治理业	21881	35234
公共设施管理业	16221	10597
土地管理业	6	104
卫生和社会工作	**21816**	**22751**
卫生	21734	22751
社会工作	82	
文化、体育和娱乐业	**28206**	**41524**
新闻和出版业	3273	3473
广播、电视、电影和影视录音制作业	15550	34253
文化艺术业	3659	2263
体育	975	209
娱乐业	4749	1326

1-7-3　各地区全部企业政府相关政策落实情况

单位：万元

地　区	研究开发费用加计扣除减免税	高新技术企业减免税
全　国	**24219066**	**21615919**
东部地区	17730115	16476948
中部地区	4020105	3338724
西部地区	1871504	1121897
东北地区	597342	678350
北　京	1736844	1782282
天　津	290881	478099
河　北	502070	699295
山　西	239346	128215
内蒙古	101645	141684
辽　宁	347343	418277
吉　林	135722	180911
黑龙江	114278	79163
上　海	2328537	1613543
江　苏	2401317	2853789
浙　江	2865879	2254389
安　徽	941992	725779
福　建	442765	525138
江　西	523962	480283
山　东	1509261	1439818
河　南	591833	518754
湖　北	812748	654190
湖　南	910225	831504
广　东	5606493	4787387
广　西	218897	142812
海　南	46069	43209
重　庆	305646	80966
四　川	461590	266643
贵　州	76130	70359
云　南	106264	94243
西　藏	1682	145
陕　西	374534	186215
甘　肃	70050	38588
青　海	24999	7951
宁　夏	58036	16344
新　疆	72033	75946

第二部分
工业企业研发活动情况

工业企业 R&D 及相关活动主要指标 (2020)

2-1-1 工业企业R&D及相关活动主要指标

主要指标	单位	2016	2017	2018	2019	2020
企业基本情况						
#有R&D活动的企业	个	86891	102218	104820	129198	146691
#有研发机构的企业	个	61765	70636	72607	85274	94072
#有新产品销售的企业	个	75879	83978	94112	111755	127538
R&D人员情况						
R&D人员	人	3867344	4045058	4261170	4440550	4767501
#女性	人	858521	902163	951481	972400	1057078
#研究人员	人	1283434	1287710	1324445	1367520	1444084
#全时人员	人	2772887	2983752	3175714	3298291	3544185
R&D人员折合全时当量	人年	2702489	2736244	2981234	3151828	3460409
R&D经费情况						
R&D经费内部支出	万元	109446586	120129589	129548264	139710989	152712905
按支出用途分						
1.日常性支出	万元	97485612	107621174	117124226	129186676	141217920
#人员劳务费	万元	32773937	35533459	38752693	41311298	48521062
2.资产性支出	万元	11960974	12508414	12424037	10524314	11494985
#仪器和设备	万元	11714975	12281173	12175462	10203169	11220043
按资金来源分						
政府资金	万元	4037843	4101098	4232715	5747869	4189938
企业资金	万元	104052729	114818640	123893527	133942131	147914094
境外资金	万元	410525	358174	456015	12807	393306
其他资金	万元	945488	851676	966007	8182	215566
R&D经费外部支出	万元	6049317	6984338	8699801	8930340	10084884
#对境内研究机构支出	万元	2849635	2725692	3384804	3138621	3452161
对境内高等学校支出	万元	702654	700412	643805	603636	621689
对境外支出	万元	842898	1100000	1200642	1212109	1435326

2-1-1 续表

主 要 指 标	单位	2016	2017	2018	2019	2020
企业办研发机构情况						
机构数	个	72963	82667	83115	95459	105094
机构人员数	人	2923953	3254179	3182794	3416317	3713270
#博士	人	48187	50889	44514	44883	45717
硕士	人	363528	393077	379066	384961	413862
机构经费支出	万元	76644847	89554910	103212643	121754828	135835614
仪器和设备原价	万元	73564754	88837085	80478382	94245107	98513503
新产品开发及销售情况						
新产品开发项目数	项	391872	477861	558305	671799	788125
新产品开发经费支出	万元	117662658	134978371	149872196	169857185	186237781
新产品销售收入	万元	1746041534	1915686889	1970940694	2120602638	2380736642
#新产品出口	万元	327130958	349447537	361608191	392692888	438532723
自主知识产权及相关情况						
专利申请数	件	715397	817037	957298	1059808	1243927
#发明专利	件	286987	320626	371569	398802	446069
有效发明专利数	件	769847	933990	1094200	1218074	1447950
拥有注册商标数	件	514129	566456	691945	823113	973541
形成国家或行业标准数	项	23345	24418	22533	26932	29297
政府相关政策落实情况						
研究开发费用加计扣除减免税	万元	4890887	5699008	8814578	13996916	17134089
高新技术企业减免税	万元	8427850	10622729	12250169	14237952	16398229
技术获取和技术改造情况						
引进技术经费支出	万元	4754183	3993153	4652681	4766901	4599504
消化吸收经费支出	万元	1092479	1185389	910077	967692	755939
购买境内技术经费支出	万元	2080023	2008696	4401696	5374093	4567145
技术改造经费支出	万元	30166061	31033792	32334113	37401531	35166780

2-1-2 大型工业企业R&D及相关活动主要指标

主要指标	单位	2016	2017	2018	2019	2020
企业基本情况						
#有R&D活动的企业	个	6017	6261	5646	5607	5798
#有研发机构的企业	个	4987	5118	4515	4339	4404
#有新产品销售的企业	个	5205	5263	5054	4980	5085
R&D人员情况						
R&D人员	人	1736882	1726881	1757080	1631071	1682971
#女性	人	383545	382412	384653	346088	360099
#研究人员	人	644943	624325	634499	597336	605643
#全时人员	人	1236114	1258937	1290237	1196001	1227881
R&D人员折合全时当量	人年	1248039	1200498	1242826	1174900	1251259
R&D经费情况						
R&D经费内部支出	万元	57189085	61717921	65935256	67378656	71636955
按支出用途分						
1.日常性支出	万元	51973150	56239678	59897167	62078515	66441582
#人员劳务费	万元	18312506	19473953	21385892	21703732	24136029
2.资产性支出	万元	5215935	5478243	6038089	5300141	5195373
#仪器和设备	万元	5085960	5353386	5913139	5153631	5069011
按资金来源分						
政府资金	万元	2550234	2536235	2290353	3961018	2765580
企业资金	万元	54049190	58638577	62839365	63405204	68553672
境外资金	万元	240440	229711	297828	9338	197564
其他资金	万元	349221	313398	507709	3097	120139
R&D经费外部支出	万元	4333355	5033217	6236769	6166458	6761107
#对境内研究机构支出	万元	2105099	2029103	2760469	2451806	2642685
对境内高等学校支出	万元	401077	385059	378114	320064	325830
对境外支出	万元	683293	880091	879476	915184	1080277

2-1-2 续表

主 要 指 标	单位	2016	2017	2018	2019	2020
企业办研发机构情况						
机构数	个	8753	9098	7884	7368	7466
机构人员数	人	1386211	1463753	1373096	1387801	1448546
#博士	人	20652	22013	20315	19569	20807
硕士	人	237012	255872	252229	248640	271078
机构经费支出	万元	45175309	51386158	58328520	68092110	73172184
仪器和设备原价	万元	34366980	43771868	38495316	39095016	41288597
新产品开发及销售情况						
新产品开发项目数	项	87495	94581	96795	101093	109358
新产品开发经费支出	万元	61448884	69246541	75071671	81270224	86978737
新产品销售收入	万元	1103157149	1190309442	1164840565	1184362707	1284614231
#新产品出口	万元	246132136	254236347	255928519	263879813	301046898
自主知识产权及相关情况						
专利申请数	件	270562	313051	345999	355360	398799
#发明专利	件	129868	156561	172375	191078	210081
有效发明专利数	件	355272	426799	462967	518778	601184
拥有注册商标数	件	256622	263050	291165	327954	362523
形成国家或行业标准数	项	8805	8998	7919	10238	9883
政府相关政策落实情况						
研究开发费用加计扣除减免税	万元	2727675	2615269	4230794	6307225	7207744
高新技术企业减免税	万元	4533068	5743543	6677330	7334495	7665115
技术获取和技术改造情况						
引进技术经费支出	万元	4172277	3295071	4138157	4264010	4055245
消化吸收经费支出	万元	932581	1059449	816043	886451	628134
购买境内技术经费支出	万元	1659837	1545391	3537849	4656270	3440785
技术改造经费支出	万元	21384136	21419776	22953957	27914272	25084801

2-1-3 中型工业企业R&D及相关活动主要指标

主 要 指 标	单位	2016	2017	2018	2019	2020
企业基本情况						
#有R&D活动的企业	个	20452	22239	20099	20886	21993
#有研发机构的企业	个	15760	16987	15124	14806	15498
#有新产品销售的企业	个	17423	18461	18112	18619	19531
R&D人员情况						
R&D人员	人	1034151	1078761	1110880	1161084	1234883
#女性	人	238028	248248	260168	267605	288099
#研究人员	人	313038	311594	312056	329495	354816
#全时人员	人	746302	802440	830950	858012	910486
R&D人员折合全时当量	人年	716402	730921	773639	821271	894699
R&D经费情况						
R&D经费内部支出	万元	25705547	28043954	29491692	32590648	36085738
按支出用途分						
1.日常性支出	万元	22664630	24944282	26659452	30146979	33020415
#人员劳务费	万元	7462723	8085716	8600805	9556880	11264583
2.资产性支出	万元	3040917	3099672	2832240	2443668	3065323
#仪器和设备	万元	2986792	3052711	2779710	2367131	3003649
按资金来源分						
政府资金	万元	788273	754053	877303	959847	731327
企业资金	万元	24511282	26957252	28308869	31625930	35172297
境外资金	万元	114140	77322	95725	1580	143630
其他资金	万元	291852	255327	209795	3291	38484
R&D经费外部支出	万元	1003858	1088026	1310508	1529367	1933794
#对境内研究机构支出	万元	482483	429976	383128	404107	490235
对境内高等学校支出	万元	132785	115028	100445	104736	122018
对境外支出	万元	96257	160731	199490	180842	243727

2-1-3 续表

主 要 指 标	单位	2016 #中型	2017 #中型	2018 中型	2019 中型	2020 中型
企业办研发机构情况						
机构数	个	19450	20879	18516	18171	19048
机构人员数	人	795306	899197	849941	894362	982125
#博士	人	11716	12199	9764	9985	9946
硕士	人	65968	73048	64449	68466	74807
机构经费支出	万元	16904994	20028541	22076921	25368832	29307742
仪器和设备原价	万元	23819081	23911706	21795886	27278048	25260327
新产品开发及销售情况						
新产品开发项目数	项	108252	127867	136501	151965	171443
新产品开发经费支出	万元	27588734	31393976	33673328	39054557	42460714
新产品销售收入	万元	370206403	409260055	426325589	476535887	546962019
#新产品出口	万元	53394555	63368543	67515546	77385250	80995006
自主知识产权及相关情况						
专利申请数	件	167860	183209	195150	218956	250818
#发明专利	件	58816	61815	69479	76676	86005
有效发明专利数	件	172734	205928	229321	241693	278673
拥有注册商标数	件	131482	153505	180714	209966	253134
形成国家或行业标准数	项	6947	7432	6864	7539	8754
政府相关政策落实情况						
研究开发费用加计扣除减免税	万元	1175142	1619268	2267609	3761724	4355167
高新技术企业减免税	万元	2470159	3090916	3432369	4143238	5063874
技术获取和技术改造情况						
引进技术经费支出	万元	391793	407226	358879	360993	374607
消化吸收经费支出	万元	115313	88932	54750	61984	42960
购买境内技术经费支出	万元	216203	275333	569065	432863	668042
技术改造经费支出	万元	4835802	5631711	5427373	5335797	5754538

2-1-4　小微型工业企业R&D及相关活动主要指标

主 要 指 标	单位	2016	2017	2018	2019	2020
企业基本情况						
#有R&D活动的企业	个	60422	73718	79075	102705	118900
#有研发机构的企业	个	41018	48531	52968	66129	74170
#有新产品销售的企业	个	53251	60254	70946	88156	102922
R&D人员情况						
R&D人员	人	1096311	1239416	1393210	1648395	1849647
#女性	人	236948	271503	306660	358707	408880
#研究人员	人	325453	351791	377890	440689	483625
#全时人员	人	790471	922375	1054527	1244278	1405818
R&D人员折合全时当量	人年	738048	804825	964769	1155657	1314451
R&D经费情况						
R&D经费内部支出	万元	26551954	30367714	34121316	39741686	44990212
按支出用途分						
1.日常性支出	万元	22847832	26437214	30567608	36961182	41755923
#人员劳务费	万元	6998707	7973790	8765997	10050687	13120449
2.资产性支出	万元	3704122	3930499	3553709	2780504	3234289
#仪器和设备	万元	3642223	3875076	3482614	2682407	3147383
按资金来源分						
政府资金	万元	699336	810810	1065060	827005	693031
企业资金	万元	25492258	29222811	32745293	38910997	44188125
境外资金	万元	55945	51142	62461	1890	52113
其他资金	万元	304415	282951	248503	1795	56943
R&D经费外部支出	万元	712105	863095	1152524	1234515	1389983
#对境内研究机构支出	万元	262052	266613	241207	282708	319241
对境内高等学校支出	万元	168792	200325	165246	178836	173840
对境外支出	万元	63349	59179	121676	116083	111322

2-1-4 续表

主 要 指 标	单位	2016	2017	2018	2019	2020
企业办研发机构情况						
机构数	个	44760	52690	56715	69920	78580
机构人员数	人	742436	891229	959757	1134154	1282599
#博士	人	15819	16677	14435	15329	14964
硕士	人	60548	64157	62388	67855	67977
机构经费支出	万元	14564544	18140211	22807203	28293886	33355688
仪器和设备原价	万元	15378693	21153511	20187179	27872043	31964580
新产品开发及销售情况						
新产品开发项目数	项	196125	255413	325009	418741	507324
新产品开发经费支出	万元	28625041	34337854	41127197	49532404	56798331
新产品销售收入	万元	272677982	316117392	379774540	459704043	549160393
#新产品出口	万元	27604268	31842647	38164126	51427825	56490819
自主知识产权及相关情况						
专利申请数	件	276975	320777	416149	485492	594310
#发明专利	件	98303	102250	129715	131048	149983
有效发明专利数	件	241841	301263	401912	457603	568093
拥有注册商标数	件	126025	149901	220066	285193	357884
形成国家或行业标准数	项	7593	7988	7750	9155	10660
政府相关政策落实情况						
研究开发费用加计扣除减免税	万元	988070	1464471	2316176	3927967	5571178
高新技术企业减免税	万元	1424623	1788269	2140470	2760218	3669240
技术获取和技术改造情况						
引进技术经费支出	万元	190114	290857	155645	141898	169651
消化吸收经费支出	万元	44585	37009	39283	19257	84845
购买境内技术经费支出	万元	203984	187973	294782	284960	458317
技术改造经费支出	万元	3946123	3982306	3952783	4151462	4327441

2-1-5 分登记注册类型国有及国有控股工业企业R&D及相关活动主要指标

主 要 指 标	单位	2016	2017	2018	2019	2020
企业基本情况						
#有R&D活动的企业	个	5989	6472	6122	6900	7907
#有研发机构的企业	个	3727	3968	3703	4009	4524
#有新产品销售的企业	个	4533	4786	4880	5480	5886
R&D人员情况						
R&D人员	人	971703	948206	878991	815869	818382
#女性	人	207699	199616	180322	160359	161016
#研究人员	人	399204	390519	363535	350329	351296
#全时人员	人	643547	652460	607102	565249	553456
R&D人员折合全时当量	人年	669753	636281	583220	550286	560415
R&D经费情况						
R&D经费内部支出	万元	28638230	30818356	32036466	32694531	34621721
按支出用途分						
1.日常性支出	万元	26183458	28051010	29413488	30598262	32267741
#人员劳务费	万元	8811163	9121481	9925721	9864130	10581619
2.资产性支出	万元	2454772	2767346	2622978	2096269	2353980
#仪器和设备	万元	2384035	2691961	2554728	2024442	2288923
按资金来源分						
政府资金	万元	2202470	2251823	2229220	2850488	2443200
企业资金	万元	26141093	28225360	29394235	29837761	32030793
境外资金	万元	68313	78103	112199	3078	74052
其他资金	万元	226354	263070	300812	3204	73676
R&D经费外部支出	万元	2232989	2791660	3098091	3128428	3357038
#对境内研究机构支出	万元	754446	797422	799567	658467	755865
对境内高等学校支出	万元	286034	296231	286159	302952	307785
对境外支出	万元	327531	496563	413047	359077	408854

2-1-5 续表

主 要 指 标	单位	2016	2017	2018	2019	2020
企业办研发机构情况						
机构数	个	5892	6335	5761	6001	6604
机构人员数	人	634778	646284	615002	588391	614042
#博士	人	11112	11025	10318	9136	9860
硕士	人	136551	144650	143352	134888	144561
机构经费支出	万元	17868450	20378070	24441884	28107153	29575193
仪器和设备原价	万元	23369358	28781731	21671202	26923253	25784923
新产品开发及销售情况						
新产品开发项目数	项	62668	68188	71746	79233	89771
新产品开发经费支出	万元	28264119	32036627	34261127	36688851	39388275
新产品销售收入	万元	446748857	509373434	480304588	498372628	515049708
#新产品出口	万元	43672314	43836940	44029983	44031308	37752355
自主知识产权及相关情况						
专利申请数	件	156755	171917	191105	186220	211160
#发明专利	件	76243	85328	93725	94356	110326
有效发明专利数	件	213314	250556	255311	282263	315689
拥有注册商标数	件	105545	115717	124083	124752	138732
形成国家或行业标准数	项	6669	6713	6141	6236	7240
政府相关政策落实情况						
研究开发费用加计扣除减免税	万元	1445942	1484313	1990116	2929074	3089294
高新技术企业减免税	万元	1717861	2288865	2373592	2413824	2690236
技术获取和技术改造情况						
引进技术经费支出	万元	2228085	2199183	2368195	2836651	1917649
消化吸收经费支出	万元	673271	760578	678418	791106	581535
购买境内技术经费支出	万元	799475	805439	1872494	1913646	1446054
技术改造经费支出	万元	15315735	15810336	17026582	21917327	17913148

2-1-6 分登记注册类型内资工业企业R&D及相关活动主要指标

主要指标	单位	2016	2017	2018	2019	2020
企业基本情况						
#有R&D活动的企业	个	72452	86671	90473	113548	130299
#有研发机构的企业	个	50219	57928	60780	73205	82010
#有新产品销售的企业	个	63002	70678	80915	97725	112890
R&D人员情况						
R&D人员	人	3038869	3195338	3365482	3583372	3877326
#女性	人	666745	702016	737549	771514	842621
#研究人员	人	1029125	1041853	1062660	1113194	1180438
#全时人员	人	2142750	2325327	2488360	2646352	2870665
R&D人员折合全时当量	人年	2085938	2119652	2327232	2515116	2790079
R&D经费情况						
R&D经费内部支出	万元	85253739	94230092	102720472	112189638	122726840
按支出用途分						
1.日常性支出	万元	75439682	83927446	92724811	103723390	113290764
#人员劳务费	万元	24648946	26967896	29781333	31984040	37880429
2.资产性支出	万元	9814057	10302645	9995661	8466248	9436077
#仪器和设备	万元	9603674	10107111	9793899	8196479	9206796
按资金来源分						
政府资金	万元	3653911	3708631	3843098	5156417	3768931
企业资金	万元	80747312	89709083	97780689	107015751	118647839
境外资金	万元	84394	85510	276858	10666	173920
其他资金	万元	768123	726867	819827	6804	136151
R&D经费外部支出	万元	4795514	5443888	6881249	7057264	7912575
#对境内研究机构支出	万元	2402818	2435930	3071197	2756217	3152295
对境内高等学校支出	万元	638554	634350	587752	555818	567170
对境外支出	万元	475584	559283	598282	629538	684505

2-1-6 续表

主要指标	单位	2016	2017	2018	2019	2020
企业办研发机构情况						
机构数	个	59722	68201	69941	82176	91708
机构人员数	人	2201833	2453664	2438895	2672272	2941976
#博士	人	40720	43543	38485	38608	39941
硕士	人	294330	323697	311124	318419	348790
机构经费支出	万元	56987138	66641469	78453332	95145340	108024780
仪器和设备原价	万元	54647380	65014951	60381864	73495534	73521672
新产品开发及销售情况						
新产品开发项目数	项	313231	388276	463865	568733	676688
新产品开发经费支出	万元	89317095	103371254	116493351	133642655	148203396
新产品销售收入	万元	1208390782	1334941713	1438177877	1557714924	1766019670
#新产品出口	万元	150792646	172039156	185889554	217761381	232404310
自主知识产权及相关情况						
专利申请数	件	589008	688531	819575	912864	1082747
#发明专利	件	236768	274490	321873	343664	389329
有效发明专利数	件	622533	771070	907856	1028567	1233554
拥有注册商标数	件	409903	459251	567378	687180	820851
形成国家或行业标准数	项	20227	21256	20142	22238	25762
政府相关政策落实情况						
研究开发费用加计扣除减免税	万元	3820659	4410704	6896982	10873480	13729623
高新技术企业减免税	万元	5721975	7362690	8891593	10402673	12099271
技术获取和技术改造情况						
引进技术经费支出	万元	1777633	1515026	1845316	2057486	2189507
消化吸收经费支出	万元	558971	523899	255533	141764	173486
购买境内技术经费支出	万元	1807568	1752905	3981398	4894850	4042206
技术改造经费支出	万元	24880320	25167642	26859696	31182278	29275188

2-1-7 分登记注册类型港澳台商投资工业企业R&D及相关活动主要指标

主要指标	单位	2016	2017	2018	2019	2020
企业基本情况						
#有R&D活动的企业	个	6730	7581	6831	7418	7711
#有研发机构的企业	个	5483	6497	5868	6130	6206
#有新产品销售的企业	个	6062	6536	6276	6673	6950
R&D人员情况						
R&D人员	人	395713	427185	435717	412326	434803
#女性	人	95667	105280	108264	99169	107629
#研究人员	人	112192	109851	117566	110188	115905
#全时人员	人	305107	330836	335318	316040	332406
R&D人员折合全时当量	人年	285902	303102	319641	314242	332813
R&D经费情况						
R&D经费内部支出	万元	10135514	11150543	11307500	11383701	12561629
按支出用途分						
1.日常性支出	万元	9230034	10089010	10206656	10639512	11759149
#人员劳务费	万元	3430809	3692209	3792314	3849975	4551516
2.资产性支出	万元	905480	1061532	1100844	744189	802480
#仪器和设备	万元	892125	1049884	1080849	720601	787352
按资金来源分						
政府资金	万元	155048	208422	187070	213524	157927
企业资金	万元	9786177	10824734	11033606	11169403	12330953
境外资金	万元	127659	48477	47290	306	62901
其他资金	万元	66631	68909	39534	468	9848
R&D经费外部支出	万元	312272	384999	620419	572765	595916
#对境内研究机构支出	万元	100847	114287	128851	146038	118930
对境内高等学校支出	万元	35646	35570	26629	22055	27010
对境外支出	万元	80479	93252	142671	106469	140945

2-1-7 续表

主 要 指 标	单位	2016	2017	2018	2019	2020
企业办研发机构情况						
机构数	个	6377	7479	6567	6763	6919
机构人员数	人	349513	424107	380490	387441	403716
#博士	人	3007	3345	2495	2633	2605
硕士	人	25632	28229	27266	26145	26461
机构经费支出	万元	8129419	10445729	10627583	11460124	12197413
仪器和设备原价	万元	6803841	8740241	9250407	9703657	11058314
新产品开发及销售情况						
新产品开发项目数	项	36315	43324	44253	48400	52612
新产品开发经费支出	万元	11508389	13694049	13938026	14875719	15576264
新产品销售收入	万元	216260034	260442342	233315345	252177740	271243951
#新产品出口	万元	88907938	102579702	94313186	97354532	115171209.0
自主知识产权及相关情况						
专利申请数	件	60762	67597	68851	70919	73083
#发明专利	件	22581	24272	25946	25564	24182
有效发明专利数	件	68740	81769	89280	93651	104000
拥有注册商标数	件	53823	57808	66666	71431	80502
形成国家或行业标准数	项	1534	1735	1273	3425	2033
政府相关政策落实情况						
研究开发费用加计扣除减免税	万元	461043	597347	780544	1393996	1400581
高新技术企业减免税	万元	1357225	1719171	1563500	1727469	1917294
技术获取和技术改造情况						
引进技术经费支出	万元	236403	157368	120032	92448	82634
消化吸收经费支出	万元	93637	126195	10600	26255	5964
购买境内技术经费支出	万元	113826	141363	152101	222389	227371
技术改造经费支出	万元	1918896	2465484	2280659	2430982	2226357

2-1-8 分登记注册类型外商投资工业企业R&D及相关活动主要指标

主要指标	单位	2016	2017	2018	2019	2020
企业基本情况						
#有R&D活动的企业	个	7709	7966	7516	8232	8681
#有研发机构的企业	个	6063	6211	5959	5939	5856
#有新产品销售的企业	个	6815	6764	6921	7357	7698
R&D人员情况						
R&D人员	人	432762	422535	459971	444852	455372
#女性	人	96109	94867	105668	101717	106828
#研究人员	人	142117	136006	144219	144138	147741
#全时人员	人	325030	327589	352036	335899	341114
R&D人员折合全时当量	人年	330649	313490	334362	322470	337516
R&D经费情况						
R&D经费内部支出	万元	14057332	14748955	15520292	16137651	17424436
按支出用途分						
1.日常性支出	万元	12815896	13604718	14192759	14823774	16168008
#人员劳务费	万元	4694182	4873353	5179046	5477283	6089116
2.资产性支出	万元	1241436	1144237	1327533	1313877	1256428
#仪器和设备	万元	1219175	1124178	1300714	1286089	1225896
按资金来源分						
政府资金	万元	228884	184045	202548	377928	263080
企业资金	万元	13519241	14284824	15079232	15756976	16935303
境外资金	万元	198473	224187	131867	1835	156485
其他资金	万元	110734	55899	106645	911	69568
R&D经费外部支出	万元	941531	1155452	1198133	1300312	1576393
#对境内研究机构支出	万元	345969	175474	184755	236366	180936
对境内高等学校支出	万元	28454	30491	29424	25763	27509
对境外支出	万元	286835	447465	459688	476102	609876

2-1-8 续表

主 要 指 标	单位	2016	2017	2018	2019	2020
企业办研发机构情况						
机构数	个	6864	6987	6607	6520	6467
机构人员数	人	372607	376408	363409	356604	367578
#博士	人	4460	4001	3534	3642	3171
硕士	人	43566	41151	40676	40397	38611
机构经费支出	万元	11528291	12467713	14131728	15149364	15613421
仪器和设备原价	万元	12113533	15081893	10846110	11045916	13933517
新产品开发及销售情况						
新产品开发项目数	项	42326	46261	50187	54666	58825
新产品开发经费支出	万元	16837174	17913068	19440818	21338811	22458122
新产品销售收入	万元	321390718	320302834	299447472	310709974	343473022
#新产品出口	万元	87430375	74828679	81405452	77576975	90957204
自主知识产权及相关情况						
专利申请数	件	65627	60909	68872	76025	88097
#发明专利	件	27638	21864	23750	29574	32558
有效发明专利数	件	78574	81151	97064	95856	110396
拥有注册商标数	件	50403	49397	57901	64502	72188
形成国家或行业标准数	项	1584	1427	1118	1269	1502
政府相关政策落实情况						
研究开发费用加计扣除减免税	万元	609185	690956	1137053	1729440	2003886
高新技术企业减免税	万元	1348650	1540868	1795076	2107810	2381663
技术获取和技术改造情况						
引进技术经费支出	万元	2740147	2320759	2687334	2616968	2327363
消化吸收经费支出	万元	439871	535294	643944	799672	576489
购买境内技术经费支出	万元	158630	114429	268197	256854	297569
技术改造经费支出	万元	3366845	3400666	3193758	3788272	3665235

2-1-9　制造业企业R&D及相关活动主要指标

主要指标	单位	2016	2017	2018	2019	2020
企业基本情况						
#有R&D活动的企业	个	85396	100471	102980	126844	143739
#有研发机构的企业	个	60993	69743	71744	84209	92771
#有新产品销售的企业	个	75452	83508	93520	111047	126682
R&D人员情况						
R&D人员	人	3682865	3858684	4103797	4271143	4591431
#女性	人	828171	872824	927271	946674	1033882
#研究人员	人	1212075	1217230	1264354	1302499	1379148
#全时人员	人	2682762	2885018	3089950	3203279	3450135
R&D人员折合全时当量	人年	2594780	2633102	2892214	3050489	3356496
R&D经费情况						
R&D经费内部支出	万元	105802593	116246712	125144216	135385064	147838121
按支出用途分						
1.日常性支出	万元	94337269	104330807	113189976	125234164	136808834
#人员劳务费	万元	31586710	34356395	37391240	39931461	47015938
2.资产性支出	万元	11465324	11915905	11954240	10150900	11029287
#仪器和设备	万元	11232925	11706370	11721056	9844758	10772071
按资金来源分						
政府资金	万元	3934538	3950547	4094011	5605382	4099285
企业资金	万元	100532524	111111060	119681234	129760586	143136659
境外资金	万元	406506	356336	446176	12796	392052
其他资金	万元	929025	828769	922795	6301	210125
R&D经费外部支出	万元	5718244	6518166	8128437	8288057	9328993
#对境内研究机构支出	万元	2739967	2602517	3234372	3007570	3316774
对境内高等学校支出	万元	611437	592046	519319	467817	489116
对境外支出	万元	841275	1094643	1191027	1207898	1429635

2-1-9 续表

主 要 指 标	单位	2016	2017	2018	2019	2020
企业办研发机构情况						
机构数	个	71943	81499	82000	94113	103543
机构人员数	人	2837556	3170175	3105363	3345546	3632656
#博士	人	45455	48229	42008	42828	43566
硕士	人	345353	375544	363285	370786	397938
机构经费支出	万元	74915646	87665861	101058273	119723431	133375589
仪器和设备原价	万元	71289374	85807251	78115865	91377251	94901503
新产品开发及销售情况						
新产品开发项目数	项	385933	470885	550311	661204	775219
新产品开发经费支出	万元	115813186	132722574	147698898	167437639	183454509
新产品销售收入	万元	1732867494	1895787388	1948308217	2096932213	2353288054
#新产品出口	万元	326753766	349155460	361477276	391079539	438394304
自主知识产权及相关情况						
专利申请数	件	686002	786864	915884	1018994	1195111
#发明专利	件	274193	307355	355267	380514	421308
有效发明专利数	件	748992	908886	1061683	1174993	1397644
拥有注册商标数	件	512570	564750	687885	818931	970407
形成国家或行业标准数	项	22543	23569	21703	26241	28621
政府相关政策落实情况						
研究开发费用加计扣除减免税	万元	4767086	5577241	8645062	13697071	16687858
高新技术企业减免税	万元	8325207	10498219	12067222	13936141	16024191
技术获取和技术改造情况						
引进技术经费支出	万元	4730089	3895798	4628695	4733561	4574083
消化吸收经费支出	万元	1027672	1076068	905020	962680	752616
购买境内技术经费支出	万元	1896451	1929741	4268888	5292383	4486089
技术改造经费支出	万元	26710292	27220210	28904525	34400563	32116034

第二部分

工业企业研发活动情况

2

工业企业基本情况

(2020)

2-2-1 分登记注册类型工业企业基本情况

单位：个

登记注册类型	有R&D活动	有研发机构	有新产品销售
合　计	**146691**	**94072**	**127538**
国有及国有控股	**7907**	**4524**	**5886**
内资企业	**130299**	**82010**	**112890**
国有企业	580	336	422
集体企业	132	63	95
股份合作企业	266	143	260
联营企业	23	10	16
有限责任公司	20902	12905	17522
国有独资公司	1273	710	909
其他有限责任公司	19629	12195	16613
股份有限公司	5548	3956	5015
私营企业	102828	64584	89538
私营独资企业	1584	775	1110
私营合伙企业	271	127	179
私营有限责任公司	92966	57990	80781
私营股份有限公司	8007	5692	7468
其他企业	20	13	22
港、澳、台商投资企业	**7711**	**6206**	**6950**
合资经营企业	2572	1866	2296
合作经营企业	82	62	71
港、澳、台商独资经营企业	4628	3921	4163
港、澳、台商投资股份有限公司	363	306	357
其他港、澳、台投资企业	66	51	63
外商投资企业	**8681**	**5856**	**7698**
中外合资经营企业	3298	2095	2986
中外合作经营企业	94	50	66
外资企业	4965	3475	4351
外商投资股份有限公司	249	183	230
其他外商投资企业	75	53	65

2-2-2 分登记注册类型大型工业企业基本情况

单位：个

登记注册类型	有R&D活动	有研发机构	有新产品销售
合 计	**5798**	**4404**	**5085**
国有及国有控股	**1521**	**1094**	**1155**
内资企业	**4153**	**3062**	**3564**
国有企业	107	76	84
集体企业	1		
股份合作企业	1	1	
联营企业	1	1	1
有限责任公司	1650	1150	1297
国有独资公司	269	199	189
其他有限责任公司	1381	951	1108
股份有限公司	939	758	851
私营企业	1452	1074	1329
私营独资企业	8	4	6
私营合伙企业			
私营有限责任公司	1100	792	987
私营股份有限公司	344	278	336
其他企业	2	2	2
港、澳、台商投资企业	**782**	**668**	**733**
合资经营企业	217	179	211
合作经营企业	6	5	5
港、澳、台商独资经营企业	479	410	438
港、澳、台商投资股份有限公司	78	71	76
其他港、澳、台投资企业	2	3	3
外商投资企业	**863**	**674**	**788**
中外合资经营企业	311	242	283
中外合作经营企业	11	8	6
外资企业	487	381	450
外商投资股份有限公司	49	40	43
其他外商投资企业	5	3	6

2-2-3 分登记注册类型中型工业企业基本情况

单位：个

登记注册类型	有R&D活动	有研发机构	有新产品销售
合　计	**21993**	**15498**	**19531**
国有及国有控股	**2482**	**1498**	**1883**
内资企业	**17289**	**11844**	**15283**
国有企业	191	111	143
集体企业	24	18	18
股份合作企业	18	16	21
联营企业	4	1	3
有限责任公司	4540	2875	3728
国有独资公司	422	236	306
其他有限责任公司	4118	2639	3422
股份有限公司	1762	1336	1617
私营企业	10748	7486	9751
私营独资企业	72	37	54
私营合伙企业	27	12	11
私营有限责任公司	9129	6274	8214
私营股份有限公司	1520	1163	1472
其他企业	2	1	2
港、澳、台商投资企业	**2305**	**1915**	**2074**
合资经营企业	744	558	666
合作经营企业	14	17	18
港、澳、台商独资经营企业	1387	1207	1234
港、澳、台商投资股份有限公司	139	119	141
其他港、澳、台投资企业	21	14	15
外商投资企业	**2399**	**1739**	**2174**
中外合资经营企业	875	573	807
中外合作经营企业	33	21	20
外资企业	1392	1061	1250
外商投资股份有限公司	78	65	78
其他外商投资企业	21	19	19

2-2-4 分行业工业企业基本情况

单位：个

行 业	有R&D活动	有研发机构	有新产品销售
合 计	**146691**	**94072**	**127538**
采矿业	**1290**	**569**	**446**
煤炭开采和洗选业	437	176	78
石油和天然气开采业	48	30	9
黑色金属矿采选业	145	61	44
有色金属矿采选业	211	88	84
非金属矿采选业	406	195	214
开采及其他辅助性活动	42	19	17
其他采矿业	1		
制造业	**143739**	**92771**	**126682**
农副食品加工业	5198	2737	4144
食品制造业	2820	1594	2528
酒、饮料和精制茶制造业	1554	817	1271
烟草制品业	63	52	46
纺织业	5822	3774	4996
纺织服装、服饰业	2396	1450	2071
皮革、毛皮、羽毛及其制品和制鞋业	2283	1288	2016
木材加工和木、竹、藤、棕、草制品业	1805	776	1208
家具制造业	1968	1325	1831
造纸和纸制品业	1956	1244	1633
印刷和记录媒介复制业	1884	1209	1619
文教、工美、体育和娱乐用品制造业	2862	1894	2728
石油加工、炼焦和核燃料加工业	611	333	379
化学原料和化学制品制造业	9923	6237	8014
医药制造业	4803	2968	3507
化学纤维制造业	883	554	735
橡胶和塑料制品业	7569	5332	6991
非金属矿物制品业	9857	5414	7240
黑色金属冶炼和压延加工业	1511	955	1203
有色金属冶炼和压延加工业	2960	1756	2404
金属制品业	9497	6314	8384
通用设备制造业	13652	8648	12532
专用设备制造业	11714	7291	10586
汽车制造业	7390	4498	7014
铁路、船舶、航空航天和其他运输设备制造业	2435	1448	2143
电气机械和器材制造业	13819	10311	13500
计算机、通信和其他电子设备制造业	11760	9418	11571
仪器仪表制造业	3368	2245	3277
其他制造业	654	473	648
废弃资源综合利用业	559	329	382
金属制品、机械和设备修理业	163	87	81
电力、热力、燃气及水生产和供应业	**1662**	**732**	**410**
电力、热力生产和供应业	1078	435	240
燃气生产和供应业	241	132	76
水的生产和供应业	343	165	94

2-2-5　分行业大型工业企业基本情况

单位：个

行　　业	有R&D活动	有研发机构	有新产品销售
合　计	**5798**	**4404**	**5085**
采矿业	**254**	**133**	**57**
煤炭开采和洗选业	158	76	25
石油和天然气开采业	30	21	5
黑色金属矿采选业	22	10	4
有色金属矿采选业	23	12	11
非金属矿采选业	9	8	6
开采及其他辅助性活动	12	6	6
其他采矿业			
制造业	**5431**	**4224**	**5010**
农副食品加工业	113	67	98
食品制造业	126	97	116
酒、饮料和精制茶制造业	74	67	65
烟草制品业	25	23	20
纺织业	161	123	145
纺织服装、服饰业	94	68	85
皮革、毛皮、羽毛及其制品和制鞋业	82	41	68
木材加工和木、竹、藤、棕、草制品业	10	8	13
家具制造业	63	53	64
造纸和纸制品业	71	52	63
印刷和记录媒介复制业	27	26	28
文教、工美、体育和娱乐用品制造业	70	55	67
石油加工、炼焦和核燃料加工业	118	71	69
化学原料和化学制品制造业	286	194	220
医药制造业	251	209	212
化学纤维制造业	64	57	66
橡胶和塑料制品业	178	133	173
非金属矿物制品业	184	139	163
黑色金属冶炼和压延加工业	229	170	186
有色金属冶炼和压延加工业	193	141	140
金属制品业	195	165	186
通用设备制造业	298	236	293
专用设备制造业	224	179	222
汽车制造业	389	302	388
铁路、船舶、航空航天和其他运输设备制造业	194	164	199
电气机械和器材制造业	596	490	596
计算机、通信和其他电子设备制造业	997	804	953
仪器仪表制造业	71	54	70
其他制造业	24	20	26
废弃资源综合利用业	5	2	4
金属制品、机械和设备修理业	19	14	12
电力、热力、燃气及水生产和供应业	**113**	**47**	**18**
电力、热力生产和供应业	81	32	13
燃气生产和供应业	16	7	3
水的生产和供应业	16	8	2

2-2-6　分行业中型工业企业基本情况

单位：个

行　　业	有R&D活动	有研发机构	有新产品销售
合　计	**21993**	**15498**	**19531**
采矿业	**338**	**157**	**86**
煤炭开采和洗选业	168	72	20
黑色金属矿采选业	4	2	
有色金属矿采选业	34	21	10
非金属矿采选业	85	38	31
开采及其他辅助性活动	34	19	20
其他采矿业	12	5	5
制造业	**21367**	**15243**	**19399**
农副食品加工业	613	338	487
食品制造业	518	305	442
酒、饮料和精制茶制造业	212	162	211
烟草制品业	18	16	13
纺织业	977	668	882
纺织服装、服饰业	535	356	433
皮革、毛皮、羽毛及其制品和制鞋业	394	232	302
木材加工和木、竹、藤、棕、草制品业	153	82	111
家具制造业	329	264	330
造纸和纸制品业	299	207	247
印刷和记录媒介复制业	281	204	246
文教、工美、体育和娱乐用品制造业	505	385	491
石油加工、炼焦和核燃料加工业	114	53	47
化学原料和化学制品制造业	1295	891	1042
医药制造业	1010	718	800
化学纤维制造业	133	96	130
橡胶和塑料制品业	837	660	779
非金属矿物制品业	1378	802	1106
黑色金属冶炼和压延加工业	219	137	159
有色金属冶炼和压延加工业	466	277	358
金属制品业	1125	878	1053
通用设备制造业	1557	1095	1513
专用设备制造业	1321	946	1230
汽车制造业	1504	992	1498
铁路、船舶、航空航天和其他运输设备制造业	456	293	403
电气机械和器材制造业	2149	1776	2173
计算机、通信和其他电子设备制造业	2339	1944	2340
仪器仪表制造业	471	356	450
其他制造业	84	67	81
废弃资源综合利用业	37	23	26
金属制品、机械和设备修理业	38	20	16
电力、热力、燃气及水生产和供应业	**288**	**98**	**46**
电力、热力生产和供应业	208	63	25
燃气生产和供应业	31	15	10
水的生产和供应业	49	20	11

2-2-7　分行业国有及国有控股工业企业基本情况

单位：个

行　　业	有R&D活动	有研发机构	有新产品销售
合　计	**7907**	**4524**	**5886**
采矿业	**482**	**235**	**113**
煤炭开采和洗选业	249	110	31
石油和天然气开采业	39	22	6
黑色金属矿采选业	33	17	7
有色金属矿采选业	100	52	41
非金属矿采选业	47	27	22
开采及其他辅助性活动	13	7	6
其他采矿业	1		
制造业	**6611**	**3981**	**5631**
农副食品加工业	134	75	100
食品制造业	116	61	118
酒、饮料和精制茶制造业	96	68	94
烟草制品业	50	40	35
纺织业	56	35	55
纺织服装、服饰业	29	24	24
皮革、毛皮、羽毛及其制品和制鞋业	8	6	10
木材加工和木、竹、藤、棕、草制品业	18	11	18
家具制造业	4	3	4
造纸和纸制品业	51	32	44
印刷和记录媒介复制业	64	39	55
文教、工美、体育和娱乐用品制造业	28	15	30
石油加工、炼焦和核燃料加工业	121	68	74
化学原料和化学制品制造业	671	410	501
医药制造业	338	234	230
化学纤维制造业	38	26	33
橡胶和塑料制品业	135	88	126
非金属矿物制品业	642	353	402
黑色金属冶炼和压延加工业	141	88	123
有色金属冶炼和压延加工业	327	184	243
金属制品业	299	182	262
通用设备制造业	505	301	484
专用设备制造业	553	303	481
汽车制造业	458	278	479
铁路、船舶、航空航天和其他运输设备制造业	421	261	377
电气机械和器材制造业	447	260	437
计算机、通信和其他电子设备制造业	562	361	533
仪器仪表制造业	187	100	176
其他制造业	32	33	33
废弃资源综合利用业	32	18	20
金属制品、机械和设备修理业	48	24	30
电力、热力、燃气及水生产和供应业	**814**	**308**	**142**
电力、热力生产和供应业	589	203	93
燃气生产和供应业	55	29	17
水的生产和供应业	170	76	32

2-2-8 分行业内资工业企业基本情况

单位：个

行 业	有R&D活动	有研发机构	有新产品销售
合 计	**130299**	**82010**	**112890**
采矿业	**1248**	**539**	**427**
煤炭开采和洗选业	429	170	78
石油和天然气开采业	41	23	7
黑色金属矿采选业	138	58	42
有色金属矿采选业	204	85	80
非金属矿采选业	395	187	205
开采及其他辅助性活动	40	16	15
其他采矿业	1		
制造业	**127627**	**80878**	**112115**
农副食品加工业	4863	2554	3883
食品制造业	2447	1333	2226
酒、饮料和精制茶制造业	1438	724	1169
烟草制品业	61	51	44
纺织业	5173	3304	4437
纺织服装、服饰业	1996	1194	1739
皮革、毛皮、羽毛及其制品和制鞋业	1999	1102	1818
木材加工和木、竹、藤、棕、草制品业	1726	726	1140
家具制造业	1775	1141	1636
造纸和纸制品业	1697	1058	1413
印刷和记录媒介复制业	1696	1064	1462
文教、工美、体育和娱乐用品制造业	2409	1555	2304
石油加工、炼焦和核燃料加工业	566	302	342
化学原料和化学制品制造业	8859	5491	7114
医药制造业	4320	2628	3188
化学纤维制造业	780	481	644
橡胶和塑料制品业	6660	4589	6151
非金属矿物制品业	9317	5078	6795
黑色金属冶炼和压延加工业	1390	860	1096
有色金属冶炼和压延加工业	2746	1608	2214
金属制品业	8589	5588	7575
通用设备制造业	12148	7619	11102
专用设备制造业	10546	6476	9476
汽车制造业	6103	3662	5777
铁路、船舶、航空航天和其他运输设备制造业	2192	1292	1921
电气机械和器材制造业	12304	9029	12010
计算机、通信和其他电子设备制造业	9613	7621	9528
仪器仪表制造业	2990	1967	2908
其他制造业	563	403	564
废弃资源综合利用业	524	307	366
金属制品、机械和设备修理业	137	71	73
电力、热力、燃气及水生产和供应业	**1424**	**593**	**348**
电力、热力生产和供应业	968	369	209
燃气生产和供应业	146	76	53
水的生产和供应业	310	148	86

2-2-9 分行业港澳台商投资工业企业基本情况

单位：个

行 业	有R&D活动	有研发机构	有新产品销售
合 计	**7711**	**6206**	**6950**
采矿业	**17**	**13**	**5**
煤炭开采和洗选业	2		
石油和天然气开采业	5	5	
黑色金属矿采选业	2	2	
有色金属矿采选业	4	3	2
非金属矿采选业	3	2	2
开采及其他辅助性活动	1	1	1
其他采矿业			
制造业	**7577**	**6118**	**6909**
农副食品加工业	137	84	110
食品制造业	157	105	137
酒、饮料和精制茶制造业	53	40	45
烟草制品业	2	1	2
纺织业	428	311	358
纺织服装、服饰业	255	162	208
皮革、毛皮、羽毛及其制品和制鞋业	182	112	128
木材加工和木、竹、藤、棕、草制品业	46	32	36
家具制造业	117	115	115
造纸和纸制品业	162	127	147
印刷和记录媒介复制业	122	103	105
文教、工美、体育和娱乐用品制造业	282	220	268
石油加工、炼焦和核燃料加工业	22	20	16
化学原料和化学制品制造业	483	357	419
医药制造业	241	180	157
化学纤维制造业	60	45	54
橡胶和塑料制品业	485	437	449
非金属矿物制品业	270	174	216
黑色金属冶炼和压延加工业	58	50	50
有色金属冶炼和压延加工业	106	78	98
金属制品业	479	415	441
通用设备制造业	511	419	525
专用设备制造业	498	383	479
汽车制造业	290	216	289
铁路、船舶、航空航天和其他运输设备制造业	90	66	82
电气机械和器材制造业	764	717	753
计算机、通信和其他电子设备制造业	1021	949	997
仪器仪表制造业	159	133	158
其他制造业	58	41	51
废弃资源综合利用业	27	16	11
金属制品、机械和设备修理业	12	10	5
电力、热力、燃气及水生产和供应业	**117**	**75**	**36**
电力、热力生产和供应业	60	43	20
燃气生产和供应业	40	24	9
水的生产和供应业	17	8	7

2-2-10 分行业外商投资工业企业基本情况

单位：个

行　　业	有R&D活动	有研发机构	有新产品销售
合　计	**8681**	**5856**	**7698**
采矿业	**25**	**17**	**14**
煤炭开采和洗选业	6	6	
石油和天然气开采业	2	2	2
黑色金属矿采选业	5	1	2
有色金属矿采选业	3		2
非金属矿采选业	8	6	7
开采及其他辅助性活动	1	2	1
其他采矿业			
制造业	**8535**	**5775**	**7658**
农副食品加工业	198	99	151
食品制造业	216	156	165
酒、饮料和精制茶制造业	63	53	57
烟草制品业			
纺织业	221	159	201
纺织服装、服饰业	145	94	124
皮革、毛皮、羽毛及其制品和制鞋业	102	74	70
木材加工和木、竹、藤、棕、草制品业	33	18	32
家具制造业	76	69	80
造纸和纸制品业	97	59	73
印刷和记录媒介复制业	66	42	52
文教、工美、体育和娱乐用品制造业	171	119	156
石油加工、炼焦和核燃料加工业	23	11	21
化学原料和化学制品制造业	581	389	481
医药制造业	242	160	162
化学纤维制造业	43	28	37
橡胶和塑料制品业	424	306	391
非金属矿物制品业	270	162	229
黑色金属冶炼和压延加工业	63	45	57
有色金属冶炼和压延加工业	108	70	92
金属制品业	429	311	368
通用设备制造业	993	610	905
专用设备制造业	670	432	631
汽车制造业	997	620	948
铁路、船舶、航空航天和其他运输设备制造业	153	90	140
电气机械和器材制造业	751	565	737
计算机、通信和其他电子设备制造业	1126	848	1046
仪器仪表制造业	219	145	211
其他制造业	33	29	33
废弃资源综合利用业	8	6	5
金属制品、机械和设备修理业	14	6	3
电力、热力、燃气及水生产和供应业	**121**	**64**	**26**
电力、热力生产和供应业	50	23	11
燃气生产和供应业	55	32	14
水的生产和供应业	16	9	1

2-2-11 各地区工业企业基本情况

单位：个

地 区	有R&D活动	有研发机构	有新产品销售
全 国	**146691**	**94072**	**127538**
东部地区	99040	70423	88071
中部地区	31359	16869	26516
西部地区	13578	5944	10360
东北地区	2714	836	2591
北 京	1202	453	1369
天 津	1444	479	1557
河 北	3137	2197	2864
山 西	855	1070	682
内 蒙 古	391	112	200
辽 宁	1874	515	1769
吉 林	354	150	406
黑 龙 江	486	171	416
上 海	2498	743	2788
江 苏	26161	17624	21633
浙 江	23846	17344	23161
安 徽	6918	5601	7643
福 建	5979	1972	3793
江 西	5081	4090	5204
山 东	11604	3966	7584
河 南	4887	1714	3409
湖 北	5649	2693	4622
湖 南	7969	1701	4956
广 东	23081	25602	23272
广 西	857	389	788
海 南	88	43	50
重 庆	2878	1907	2804
四 川	4385	1485	2920
贵 州	1267	603	896
云 南	1206	437	785
西 藏	12	3	9
陕 西	1480	546	1246
甘 肃	421	133	247
青 海	74	33	63
宁 夏	422	217	257
新 疆	185	79	145

2-2-12　各地区大型工业企业基本情况

单位：个

地　区	有R&D活动	有研发机构	有新产品销售
全　国	**5798**	**4404**	**5085**
东部地区	3627	2970	3355
中部地区	1152	825	965
西部地区	826	491	598
东北地区	193	118	167
北　京	76	58	76
天　津	70	49	63
河　北	181	151	150
山　西	124	128	63
内蒙古	86	28	29
辽　宁	119	63	99
吉　林	31	23	30
黑龙江	43	32	38
上　海	128	77	124
江　苏	778	604	731
浙　江	496	459	543
安　徽	195	167	194
福　建	310	172	243
江　西	169	138	166
山　东	533	304	398
河　南	312	176	236
湖　北	212	145	186
湖　南	140	71	120
广　东	1046	1091	1022
广　西	52	32	42
海　南	9	5	5
重　庆	129	95	119
四　川	195	131	162
贵　州	59	41	52
云　南	69	36	39
西　藏	2	1	
陕　西	124	63	79
甘　肃	33	18	22
青　海	9	8	10
宁　夏	29	14	22
新　疆	39	24	22

2-2-13 各地区中型工业企业基本情况

单位：个

地区	有R&D活动	有研发机构	有新产品销售
全国	**21993**	**15498**	**19531**
东部地区	14517	11438	13386
中部地区	4412	2592	3659
西部地区	2539	1286	1997
东北地区	525	182	489
北京	242	132	250
天津	250	134	261
河北	478	378	417
山西	203	267	142
内蒙古	124	34	54
辽宁	352	111	324
吉林	93	37	106
黑龙江	80	34	59
上海	448	198	489
江苏	3270	2509	2909
浙江	2954	2599	3096
安徽	755	625	784
福建	1252	483	838
江西	673	578	682
山东	1702	730	1239
河南	989	409	709
湖北	748	424	667
湖南	1044	289	675
广东	3895	4260	3873
广西	206	90	176
海南	26	15	14
重庆	628	439	606
四川	770	350	571
贵州	166	93	127
云南	196	77	115
西藏	2		
陕西	229	108	207
甘肃	74	25	52
青海	22	9	11
宁夏	82	47	54
新疆	40	14	24

2-2-14　各地区国有及国有控股工业企业基本情况

单位：个

地　区	有R&D活动	有研发机构	有新产品销售
全　国	**7907**	**4524**	**5886**
东部地区	3595	2221	2787
中部地区	1944	1220	1403
西部地区	1987	930	1382
东北地区	381	153	314
北　京	327	159	334
天　津	209	106	205
河　北	293	184	199
山　西	225	261	139
内蒙古	122	29	46
辽　宁	237	84	196
吉　林	51	28	45
黑龙江	93	41	73
上　海	305	137	311
江　苏	758	536	566
浙　江	285	212	218
安　徽	368	280	323
福　建	200	76	117
江　西	221	179	192
山　东	708	320	417
河　南	383	172	236
湖　北	376	195	271
湖　南	371	133	242
广　东	499	484	416
广　西	128	68	116
海　南	11	7	4
重　庆	285	200	261
四　川	425	193	282
贵　州	208	111	139
云　南	229	87	116
西　藏	3	1	1
陕　西	325	141	261
甘　肃	123	37	79
青　海	27	15	16
宁　夏	44	20	29
新　疆	68	28	36

2-2-15　各地区内资工业企业基本情况

单位：个

地　　区	有R&D活动	有研发机构	有新产品销售
全　　国	**130299**	**82010**	**112890**
东部地区	84964	59516	75370
中部地区	30042	16115	25393
西部地区	12913	5625	9827
东北地区	2380	754	2300
北　　京	1006	379	1129
天　　津	1199	392	1282
河　　北	2972	2068	2723
山　　西	818	1034	657
内 蒙 古	367	104	186
辽　　宁	1602	452	1533
吉　　林	313	140	367
黑 龙 江	465	162	400
上　　海	1787	503	1986
江　　苏	21792	14684	18105
浙　　江	21673	15368	20923
安　　徽	6602	5384	7325
福　　建	4846	1546	3037
江　　西	4790	3857	4913
山　　东	10715	3644	6955
河　　南	4707	1639	3282
湖　　北	5390	2572	4422
湖　　南	7735	1629	4794
广　　东	18898	20897	19188
广　　西	776	340	717
海　　南	76	35	42
重　　庆	2688	1803	2618
四　　川	4217	1420	2792
贵　　州	1233	587	876
云　　南	1152	412	750
西　　藏	11	3	8
陕　　西	1408	516	1191
甘　　肃	411	132	245
青　　海	72	30	59
宁　　夏	407	206	244
新　　疆	171	72	141

2-2-16 各地区港澳台商投资工业企业基本情况

单位：个

地 区	有R&D活动	有研发机构	有新产品销售
全 国	**7711**	**6206**	**6950**
东部地区	6764	5691	6155
中部地区	601	363	512
西部地区	257	123	199
东北地区	89	29	84
北 京	60	25	67
天 津	76	25	80
河 北	55	48	45
山 西	9	9	4
内 蒙 古	15	6	8
辽 宁	70	22	69
吉 林	8	4	10
黑 龙 江	11	3	5
上 海	206	77	241
江 苏	1605	1109	1321
浙 江	1024	934	1056
安 徽	137	92	129
福 建	712	254	461
江 西	162	131	164
山 东	302	122	214
河 南	75	34	54
湖 北	92	55	79
湖 南	126	42	82
广 东	2715	3092	2665
广 西	38	24	31
海 南	9	5	5
重 庆	62	37	63
四 川	66	21	43
贵 州	19	11	14
云 南	30	14	23
陕 西	17	5	11
甘 肃	4	1	
青 海		1	1
宁 夏	4	3	4
新 疆	2		1

2-2-17 各地区外商投资工业企业基本情况

单位：个

地　区	有R&D活动	有研发机构	有新产品销售
全　国	**8681**	**5856**	**7698**
东部地区	7312	5216	6546
中部地区	716	391	611
西部地区	408	196	334
东北地区	245	53	207
北　京	136	49	173
天　津	169	62	195
河　北	110	81	96
山　西	28	27	21
内蒙古	9	2	6
辽　宁	202	41	167
吉　林	33	6	29
黑龙江	10	6	11
上　海	505	163	561
江　苏	2764	1831	2207
浙　江	1149	1042	1182
安　徽	179	125	189
福　建	421	172	295
江　西	129	102	127
山　东	587	200	415
河　南	105	41	73
湖　北	167	66	121
湖　南	108	30	80
广　东	1468	1613	1419
广　西	43	25	40
海　南	3	3	3
重　庆	128	67	123
四　川	102	44	85
贵　州	15	5	6
云　南	24	11	12
西　藏	1		1
陕　西	55	25	44
甘　肃	6		2
青　海	2	2	3
宁　夏	11	8	9
新　疆	12	7	3

第二部分

工业企业研发活动情况

3

工业企业 R&D 人员情况

(2020)

2-3-1 分登记注册类型工业企业R&D人员情况

登记注册类型	R&D人员（人）	#女性	#研究人员	#全时人员	R&D人员折合全时当量（人年）
合　计	**4767501**	**1057078**	**1444084**	**3544185**	**3460409**
国有及国有控股	**818382**	**161016**	**351296**	**553456**	**560415**
内资企业	**3877326**	**842621**	**1180438**	**2870665**	**2790079**
国有企业	52404	11897	22964	34876	37310
集体企业	3101	556	763	2208	1966
股份合作企业	3918	930	914	2803	2890
联营企业	697	157	261	576	583
国有联营企业	270	63	114	221	224
集体联营企业	32	14	8	29	24
国有与集体联营企业	53	11	14	39	40
其他联营企业	342	69	125	287	295
有限责任公司	1126853	228094	398175	808803	807686
国有独资公司	141214	27046	63318	87164	90040
其他有限责任公司	985639	201048	334857	721639	717647
股份有限公司	566915	127521	224865	419184	414203
私营企业	2118915	472487	530051	1598774	1523010
私营独资企业	16047	3779	3937	11472	10433
私营合伙企业	2774	587	673	1992	1870
私营有限责任公司	1805762	402944	435426	1361296	1293817
私营股份有限公司	294332	65177	90015	224014	216891
其他企业	4523	979	2445	3441	2431
港、澳、台商投资企业	**434803**	**107629**	**115905**	**332406**	**332813**
合资经营企业	141771	32092	41897	109705	109388
合作经营企业	3628	717	564	2798	2483
港、澳、台商独资经营企业	248717	64497	61715	188626	189740
港、澳、台商投资股份有限公司	38236	9807	10976	29429	29234
其他港、澳、台投资企业	2451	516	753	1848	1969
外商投资企业	**455372**	**106828**	**147741**	**341114**	**337516**
中外合资经营企业	188138	39349	67782	139186	138540
中外合作经营企业	4060	684	1128	2702	2798
外资企业	236129	60312	69305	179356	175492
外商投资股份有限公司	23458	5607	8440	17050	18175
其他外商投资企业	3587	876	1086	2820	2511

2-3-2 分登记注册类型大型工业企业R&D人员情况

登记注册类型	R&D人员（人）	#女性	#研究人员	#全时人员	R&D人员折合全时当量（人年）
合　计	**1682971**	**360099**	**605643**	**1227881**	**1251259**
国有及国有控股	**547962**	**106530**	**243262**	**362999**	**377735**
内资企业	**1254563**	**258295**	**468383**	**904244**	**921145**
国有企业	32240	7636	14907	20012	23403
集体企业	373	3	94	319	27
股份合作企业	85	52	48	77	9
联营企业	145	14	83	131	140
有限责任公司	561419	108934	213225	394497	414746
国有独资公司	93426	17503	43049	54129	58332
其他有限责任公司	467993	91431	170176	340368	356414
股份有限公司	363917	79420	151516	266509	266539
私营企业	292234	61326	86173	219517	214069
私营独资企业	927	225	291	812	650
私营有限责任公司	211586	43774	57207	157289	155878
私营股份有限公司	79721	17327	28675	61416	57540
其他企业	4150	910	2337	3182	2212
港、澳、台商投资企业	**217238**	**52702**	**63524**	**165976**	**170368**
合资经营企业	66448	13206	22199	52420	53460
合作经营企业	1562	160	155	1251	956
港、澳、台商独资经营企业	123958	32830	34574	92941	96768
港、澳、台商投资股份有限公司	24939	6432	6548	19066	18885
其他港、澳、台投资企业	331	74	48	298	300
外商投资企业	**211170**	**49102**	**73736**	**157661**	**159745**
中外合资经营企业	91844	18193	36127	66496	68915
中外合作经营企业	1644	244	558	1165	1127
外资企业	103658	27438	32113	79935	78455
外商投资股份有限公司	13433	3108	4751	9534	10866
其他外商投资企业	591	119	187	531	382

2-3-3 分登记注册类型中型工业企业R&D人员情况

登记注册类型	R&D人员(人)	#女性	#研究人员	#全时人员	R&D人员折合全时当量(人年)
合　计	**1234883**	**288099**	**354816**	**910486**	**894699**
国有及国有控股	**169264**	**34528**	**68283**	**118005**	**115048**
内资企业	**965730**	**220973**	**281264**	**709360**	**695351**
国有企业	13453	2872	5480	9988	9166
集体企业	1192	242	289	822	891
股份合作企业	790	127	208	543	613
联营企业	205	74	94	162	187
国有联营企业	147	37	83	132	146
国有与集体联营企业	7	2	3	5	6
其他联营企业	51	35	8	25	35
有限责任公司	278135	59236	93633	197453	194507
国有独资公司	29916	5981	12493	20944	19938
其他有限责任公司	248219	53255	81140	176509	174569
股份有限公司	135954	32797	50234	100965	99785
私营企业	535861	125611	131294	399351	390150
私营独资企业	2290	561	582	1607	1502
私营合伙企业	792	124	169	601	548
私营有限责任公司	434377	102398	100690	322379	313859
私营股份有限公司	98402	22528	29853	74764	74241
其他企业	140	14	32	76	50
港、澳、台商投资企业	**129763**	**33886**	**30707**	**97928**	**97071**
合资经营企业	43723	11204	11254	32483	32572
合作经营企业	756	178	107	654	576
港、澳、台商独资经营企业	74688	19850	15715	56740	55628
港、澳、台商投资股份有限公司	9368	2410	3151	7175	7269
其他港、澳、台投资企业	1228	244	480	876	1026
外商投资企业	**139390**	**33240**	**42845**	**103198**	**102277**
中外合资经营企业	54206	11853	18571	40088	39580
中外合作经营企业	1491	283	292	896	988
外资企业	75398	18977	20992	56109	55884
外商投资股份有限公司	6441	1623	2393	4648	4452
其他外商投资企业	1854	504	597	1457	1374

2-3-4 分行业工业企业R&D人员情况

行业	R&D人员(人)	#女性	#研究人员	#全时人员	R&D人员折合全时当量(人年)
合 计	**4767501**	**1057078**	**1444084**	**3544185**	**3460409**
采矿业	**112495**	**13039**	**38647**	**59187**	**68858**
煤炭开采和洗选业	62615	2751	17139	27859	36106
石油和天然气开采业	18578	5752	10359	13881	13565
黑色金属矿采选业	5574	735	1630	3434	3208
有色金属矿采选业	8755	1025	2464	5363	5938
非金属矿采选业	6808	1236	1873	4422	4559
开采及其他辅助性活动	10142	1535	5178	4217	5463
其他采矿业	23	5	4	11	19
制造业	**4591431**	**1033882**	**1379148**	**3450135**	**3356496**
农副食品加工业	85887	25530	23051	59783	58096
食品制造业	69567	25632	19475	47300	46928
酒、饮料和精制茶制造业	37533	10652	11215	25477	22331
烟草制品业	5711	1447	2690	2951	3712
纺织业	139047	51741	25099	96166	99543
纺织服装、服饰业	62371	30077	11329	43289	43294
皮革、毛皮、羽毛及其制品和制鞋业	47266	17765	7969	35064	34504
木材加工和木、竹、藤、棕、草制品业	24892	5994	5073	18005	16906
家具制造业	47638	11587	8987	36620	34421
造纸和纸制品业	52855	11110	9271	37957	37720
印刷和记录媒介复制业	41477	11241	8584	29870	29758
文教、工美、体育和娱乐用品制造业	66103	20809	13489	49725	47684
石油加工、炼焦和核燃料加工业	32565	5984	10489	18533	19970
化学原料和化学制品制造业	253478	60538	79904	184114	181332
医药制造业	185324	81812	77136	141601	134291
化学纤维制造业	34111	8737	7585	23024	24323
橡胶和塑料制品业	169992	38183	35830	128731	122867
非金属矿物制品业	209699	41668	49163	148990	144019
黑色金属冶炼和压延加工业	126611	15774	35664	73370	87159
有色金属冶炼和压延加工业	106402	17727	28775	70951	72727
金属制品业	209509	36784	48440	154450	151006
通用设备制造业	354432	58553	107353	268092	263754
专用设备制造业	312136	54122	107577	243325	224470
汽车制造业	347140	57185	122049	268749	256327
铁路、船舶、航空航天和其他运输设备制造业	144080	30051	58424	109698	103892
电气机械和器材制造业	465225	97672	137321	361468	346108
计算机、通信和其他电子设备制造业	806188	175943	269256	653219	632970
仪器仪表制造业	116128	21565	46016	92798	88814
其他制造业	20473	5165	6256	14098	15461
废弃资源综合利用业	9318	1766	2339	6639	6572
金属制品、机械和设备修理业	8273	1068	3339	6078	5537
电力、热力、燃气及水生产和供应业	**63575**	**10157**	**26289**	**34863**	**35055**
电力、热力生产和供应业	49192	7189	21435	25535	25371
燃气生产和供应业	7474	1417	2341	4547	4901
水的生产和供应业	6909	1551	2513	4781	4783

2-3-5　分行业大型工业企业R&D人员情况

行　　业	R&D人员（人）	#女性	#研究人员	#全时人员	R&D人员折合全时当量（人年）
合　计	**1682971**	**360099**	**605643**	**1227881**	**1251259**
采矿业	**85713**	**10146**	**31770**	**42064**	**53455**
煤炭开采和洗选业	51194	2145	14488	20985	30229
石油和天然气开采业	17785	5525	9939	13200	13033
黑色金属矿采选业	2880	393	1067	1615	1731
有色金属矿采选业	3434	453	977	1987	2655
非金属矿采选业	982	211	371	470	727
开采及其他辅助性活动	9438	1419	4928	3807	5080
制造业	**1567093**	**344514**	**559288**	**1173307**	**1183611**
农副食品加工业	11901	3922	3513	7722	9225
食品制造业	16979	5972	5373	11171	12173
酒、饮料和精制茶制造业	13479	3414	4523	9536	7339
烟草制品业	4350	1106	2119	2120	2860
纺织业	30391	12798	5171	20225	22556
纺织服装、服饰业	17780	8802	2919	9338	10542
皮革、毛皮、羽毛及其制品和制鞋业	10692	4893	1940	7838	8399
木材加工和木、竹、藤、棕、草制品业	903	249	167	659	766
家具制造业	13204	3511	2894	10950	10621
造纸和纸制品业	13277	2219	2557	9068	9917
印刷和记录媒介复制业	4237	1353	1030	2973	3128
文教、工美、体育和娱乐用品制造业	10123	3379	2030	6673	7458
石油加工、炼焦和核燃料加工业	19113	3497	6956	9673	11676
化学原料和化学制品制造业	50832	11180	18488	33893	34608
医药制造业	56557	26295	26699	44400	42234
化学纤维制造业	17247	4415	4057	10904	12200
橡胶和塑料制品业	35937	8276	7858	27253	26208
非金属矿物制品业	31526	6120	7948	21851	23079
黑色金属冶炼和压延加工业	94965	11135	28771	52175	65497
有色金属冶炼和压延加工业	42681	6266	13346	26210	28027
金属制品业	34247	5825	10051	23825	25748
通用设备制造业	74027	13552	28683	55056	58462
专用设备制造业	62626	11137	29073	49780	45174
汽车制造业	155992	24876	68091	123732	116867
铁路、船舶、航空航天和其他运输设备制造业	75695	17297	34918	57751	54783
电气机械和器材制造业	157006	32534	56051	124231	118547
计算机、通信和其他电子设备制造业	475874	102759	167694	388825	387778
仪器仪表制造业	22781	4817	10904	17553	18391
其他制造业	8273	2247	3385	4560	6419
废弃资源综合利用业	518	72	211	387	348
金属制品、机械和设备修理业	3880	596	1868	2975	2581
电力、热力、燃气及水生产和供应业	**30165**	**5439**	**14585**	**12510**	**14193**
电力、热力生产和供应业	26070	4466	13055	10628	11342
燃气生产和供应业	2412	609	977	1054	1687
水的生产和供应业	1683	364	553	828	1164

2-3-6 分行业中型工业企业R&D人员情况

行 业	R&D人员（人）	#女性	#研究人员	#全时人员	R&D人员折合全时当量（人年）
合 计	**1234883**	**288099**	**354816**	**910486**	**894699**
采矿业	**17252**	**1424**	**4480**	**10495**	**9563**
煤炭开采和洗选业	9806	405	2257	5769	4924
石油和天然气开采业	416	157	229	374	309
黑色金属矿采选业	1570	171	352	1060	917
有色金属矿采选业	3537	348	1039	2141	2180
非金属矿采选业	1470	260	426	942	953
开采及其他辅助性活动	430	78	173	198	261
其他采矿业	23	5	4	11	19
制造业	**1204667**	**284949**	**345190**	**891914**	**877538**
农副食品加工业	20692	6529	5460	14475	13652
食品制造业	21688	8398	5470	13294	14403
酒、饮料和精制茶制造业	8553	2567	2597	5509	5316
烟草制品业	706	147	290	376	451
纺织业	50570	18825	8494	34207	36387
纺织服装、服饰业	22214	11276	3946	17258	16519
皮革、毛皮、羽毛及其制品和制鞋业	16014	6332	2374	12150	11509
木材加工和木、竹、藤、棕、草制品业	5717	1453	1054	4046	3996
家具制造业	14346	3573	2354	10436	10476
造纸和纸制品业	15669	3402	2622	11212	11070
印刷和记录媒介复制业	13878	3934	2806	9805	10415
文教、工美、体育和娱乐用品制造业	24723	7903	5092	19211	18010
石油加工、炼焦和核燃料加工业	7519	1185	1771	4569	4110
化学原料和化学制品制造业	73491	17812	23300	52744	53817
医药制造业	61448	27438	26494	45860	44438
化学纤维制造业	7354	1781	1544	5118	5166
橡胶和塑料制品业	41333	8826	8699	30946	30612
非金属矿物制品业	62301	12069	14502	43127	42676
黑色金属冶炼和压延加工业	13881	1947	3005	9264	9484
有色金属冶炼和压延加工业	27716	4601	6872	18742	19152
金属制品业	57423	9710	13280	42499	41888
通用设备制造业	94228	15721	30274	70757	70299
专用设备制造业	83626	15790	29111	63442	60608
汽车制造业	92697	15409	28708	69079	68245
铁路、船舶、航空航天和其他运输设备制造业	34349	6677	12482	26348	24814
电气机械和器材制造业	127438	27258	35746	95774	96003
计算机、通信和其他电子设备制造业	160383	35831	50274	126664	119970
仪器仪表制造业	36208	6864	14369	28780	27562
其他制造业	4405	1081	1074	3489	3506
废弃资源综合利用业	1834	340	322	1183	1353
金属制品、机械和设备修理业	2263	270	804	1550	1630
电力、热力、燃气及水生产和供应业	**12964**	**1726**	**5146**	**8077**	**7598**
电力、热力生产和供应业	10065	1139	4061	5828	5627
燃气生产和供应业	1369	215	403	1009	916
水的生产和供应业	1530	372	682	1240	1056

2-3-7 分行业国有及国有控股工业企业R&D人员情况

行 业	R&D人员（人）	#女性	#研究人员	#全时人员	R&D人员折合全时当量（人年）
合 计	**818382**	**161016**	**351296**	**553456**	**560415**
采矿业	**92496**	**10826**	**34675**	**45749**	**56890**
煤炭开采和洗选业	54251	2316	15868	22270	31335
石油和天然气开采业	17748	5655	9893	13170	12978
黑色金属矿采选业	2740	371	1223	1792	1798
有色金属矿采选业	6113	702	1988	3509	4130
非金属矿采选业	2115	351	732	1190	1504
开采及其他辅助性活动	9506	1426	4967	3807	5127
其他采矿业	23	5	4	11	19
制造业	**677834**	**142460**	**294765**	**483952**	**478820**
农副食品加工业	2976	964	965	1853	1874
食品制造业	4912	1824	1695	3595	3375
酒、饮料和精制茶制造业	8980	2357	3258	6478	5111
烟草制品业	5267	1347	2529	2627	3402
纺织业	4955	2120	1010	3863	3473
纺织服装、服饰业	1314	537	285	927	1003
皮革、毛皮、羽毛及其制品和制鞋业	510	168	118	340	360
木材加工和木、竹、藤、棕、草制品业	464	63	111	330	357
家具制造业	559	138	312	482	512
造纸和纸制品业	3708	890	973	2284	2516
印刷和记录媒介复制业	2751	658	848	1623	1830
文教、工美、体育和娱乐用品制造业	1402	414	317	760	849
石油加工、炼焦和核燃料加工业	14168	2938	5495	5980	8460
化学原料和化学制品制造业	42636	8766	15990	26032	28902
医药制造业	20681	10318	9467	14706	14685
化学纤维制造业	5563	1196	2235	3602	3495
橡胶和塑料制品业	8077	1958	2877	5694	5479
非金属矿物制品业	25066	4032	7195	14823	15679
黑色金属冶炼和压延加工业	46213	6301	20022	24683	32635
有色金属冶炼和压延加工业	35593	5255	12155	20955	22733
金属制品业	19165	3594	8008	13476	13124
通用设备制造业	45158	8573	19881	33777	33441
专用设备制造业	42991	7590	20566	32738	31006
汽车制造业	92038	16612	43358	72878	66760
铁路、船舶、航空航天和其他运输设备制造业	80259	18895	39404	61145	58010
电气机械和器材制造业	35302	7488	15172	27170	25558
计算机、通信和其他电子设备制造业	99794	21029	47437	80665	73495
仪器仪表制造业	15499	4010	7878	12649	12204
其他制造业	6316	1534	2747	4090	4939
废弃资源综合利用业	721	186	214	378	429
金属制品、机械和设备修理业	4796	705	2243	3349	3126
电力、热力、燃气及水生产和供应业	**48052**	**7730**	**21856**	**23755**	**24704**
电力、热力生产和供应业	41007	6193	19176	19727	20164
燃气生产和供应业	2710	560	1095	1176	1587
水的生产和供应业	4335	977	1585	2852	2954

2-3-8 分行业内资工业企业R&D人员情况

行 业	R&D人员（人）	#女性	#研究人员	#全时人员	R&D人员折合全时当量（人年）
合 计	**3877326**	**842621**	**1180438**	**2870665**	**2790079**
采矿业	**109122**	**12762**	**37475**	**57042**	**67340**
煤炭开采和洗选业	61240	2710	16697	27369	35733
石油和天然气开采业	17729	5655	9879	13152	12977
黑色金属矿采选业	5132	688	1589	3036	3139
有色金属矿采选业	8358	982	2369	5081	5670
非金属矿采选业	6550	1189	1788	4223	4350
开采及其他辅助性活动	10090	1533	5149	4170	5451
其他采矿业	23	5	4	11	19
制造业	**3711962**	**820829**	**1119083**	**2783662**	**2692420**
农副食品加工业	76968	22643	20375	53532	52143
食品制造业	52774	19253	15271	38019	35450
酒、饮料和精制茶制造业	32624	9250	10082	22722	19144
烟草制品业	5637	1421	2649	2903	3661
纺织业	113099	41719	20507	77834	79872
纺织服装、服饰业	41432	19533	8364	31154	30143
皮革、毛皮、羽毛及其制品和制鞋业	34461	12151	5646	25488	25131
木材加工和木、竹、藤、棕、草制品业	23218	5550	4759	16718	15689
家具制造业	38806	9490	7313	29651	27481
造纸和纸制品业	39260	8651	6704	27988	27981
印刷和记录媒介复制业	33461	8679	7078	24168	23743
文教、工美、体育和娱乐用品制造业	48844	14886	10651	36593	34991
石油加工、炼焦和核燃料加工业	30860	5639	9900	17434	18960
化学原料和化学制品制造业	220661	51897	68408	158807	156668
医药制造业	155802	68311	63328	118077	112098
化学纤维制造业	27939	7426	6364	18668	20072
橡胶和塑料制品业	132986	29843	28552	100516	95021
非金属矿物制品业	186522	37291	43893	132385	126965
黑色金属冶炼和压延加工业	115181	14655	33756	67755	79701
有色金属冶炼和压延加工业	97104	16138	26172	64196	66712
金属制品业	177927	31486	41679	131319	127311
通用设备制造业	295093	48470	86883	222198	218216
专用设备制造业	268235	45590	93119	209010	192097
汽车制造业	241385	40583	80415	185581	172063
铁路、船舶、航空航天和其他运输设备制造业	129958	27380	52944	98275	93228
电气机械和器材制造业	381709	78940	112668	297798	282827
计算机、通信和其他电子设备制造业	579918	119173	202180	473688	456967
仪器仪表制造业	97493	17860	38968	78588	74418
其他制造业	17454	4359	5641	11713	13202
废弃资源综合利用业	8632	1640	2135	6142	6111
金属制品、机械和设备修理业	6519	922	2679	4742	4355
电力、热力、燃气及水生产和供应业	**56242**	**9030**	**23880**	**29961**	**30319**
电力、热力生产和供应业	45920	6898	20272	23381	23560
燃气生产和供应业	4168	786	1424	2358	2480
水的生产和供应业	6154	1346	2184	4222	4279

2-3-9 分行业港澳台商投资工业企业R&D人员情况

行业	R&D人员（人）	#女性	#研究人员	#全时人员	R&D人员折合全时当量（人年）
合 计	**434803**	**107629**	**115905**	**332406**	**332813**
采矿业	**1631**	**151**	**723**	**1094**	**809**
煤炭开采和洗选业	515	19	186	161	47
石油和天然气开采业	822	94	467	709	567
黑色金属矿采选业	30	2	4	27	27
有色金属矿采选业	196	29	38	143	136
非金属矿采选业	29	6	6	19	23
开采及其他辅助性活动	39	1	22	35	8
制造业	**429816**	**106907**	**113958**	**328960**	**329748**
农副食品加工业	3329	1003	847	2216	2309
食品制造业	5971	2264	1714	4025	4164
酒、饮料和精制茶制造业	1975	576	440	1151	1255
烟草制品业	74	26	41	48	51
纺织业	17639	6728	3313	12098	13783
纺织服装、服饰业	15716	7733	2179	8313	9655
皮革、毛皮、羽毛及其制品和制鞋业	8001	3321	1285	5725	5688
木材加工和木、竹、藤、棕、草制品业	890	266	167	675	660
家具制造业	5882	1414	1112	4792	4831
造纸和纸制品业	8842	1465	1585	6559	6381
印刷和记录媒介复制业	5485	1787	1036	3858	4047
文教、工美、体育和娱乐用品制造业	12620	4584	1881	9424	9366
石油加工、炼焦和核燃料加工业	939	176	332	497	552
化学原料和化学制品制造业	15003	3808	4626	11516	10959
医药制造业	16242	7489	7603	12669	12271
化学纤维制造业	4381	933	860	3122	3066
橡胶和塑料制品业	21606	4891	3762	16563	16189
非金属矿物制品业	13414	2467	2596	9996	10056
黑色金属冶炼和压延加工业	5528	610	898	3835	4041
有色金属冶炼和压延加工业	4886	836	1186	3910	2785
金属制品业	18658	3092	3742	13352	14173
通用设备制造业	18664	3193	5773	15257	14722
专用设备制造业	18822	3691	5597	14849	14064
汽车制造业	27473	2989	10142	22736	23661
铁路、船舶、航空航天和其他运输设备制造业	6253	1193	2411	4981	4776
电气机械和器材制造业	44607	9628	11544	33819	34006
计算机、通信和其他电子设备制造业	114812	28446	33483	94278	93180
仪器仪表制造业	8559	1613	2928	5834	6649
其他制造业	1981	523	307	1575	1438
废弃资源综合利用业	585	102	166	413	380
金属制品、机械和设备修理业	979	60	402	874	592
电力、热力、燃气及水生产和供应业	**3356**	**571**	**1224**	**2352**	**2256**
电力、热力生产和供应业	1717	156	684	1202	921
燃气生产和供应业	1383	347	421	971	1177
水的生产和供应业	256	68	119	179	158

2-3-10　分行业外商投资工业企业R&D人员情况

行　业	R&D人员（人）	#女性	#研究人员	#全时人员	R&D人员折合全时当量（人年）
合　计	**455372**	**106828**	**147741**	**341114**	**337516**
采矿业	**1742**	**126**	**449**	**1051**	**710**
煤炭开采和洗选业	860	22	256	329	326
石油和天然气开采业	27	3	13	20	21
黑色金属矿采选业	412	45	37	371	42
有色金属矿采选业	201	14	57	139	131
非金属矿采选业	229	41	79	180	185
开采及其他辅助性活动	13	1	7	12	4
其他采矿业					
制造业	**449653**	**106146**	**146107**	**337513**	**334327**
农副食品加工业	5590	1884	1829	4035	3644
食品制造业	10822	4115	2490	5256	7314
酒、饮料和精制茶制造业	2934	826	693	1604	1932
烟草制品业					
纺织业	8309	3294	1279	6234	5888
纺织服装、服饰业	5223	2811	786	3822	3496
皮革、毛皮、羽毛及其制品和制鞋业	4804	2293	1038	3851	3684
木材加工和木、竹、藤、棕、草制品业	784	178	147	612	557
家具制造业	2950	683	562	2177	2109
造纸和纸制品业	4753	994	982	3410	3359
印刷和记录媒介复制业	2531	775	470	1844	1968
文教、工美、体育和娱乐用品制造业	4639	1339	957	3708	3327
石油加工、炼焦和核燃料加工业	766	169	257	602	459
化学原料和化学制品制造业	17814	4833	6870	13791	13705
医药制造业	13280	6012	6205	10855	9923
化学纤维制造业	1791	378	361	1234	1185
橡胶和塑料制品业	15400	3449	3516	11652	11657
非金属矿物制品业	9763	1910	2674	6609	6997
黑色金属冶炼和压延加工业	5902	509	1010	1780	3417
有色金属冶炼和压延加工业	4412	753	1417	2845	3230
金属制品业	12924	2206	3019	9779	9521
通用设备制造业	40675	6890	14697	30637	30815
专用设备制造业	25079	4841	8861	19466	18309
汽车制造业	78282	13613	31492	60432	60604
铁路、船舶、航空航天和其他运输设备制造业	7869	1478	3069	6442	5888
电气机械和器材制造业	38909	9104	13109	29851	29275
计算机、通信和其他电子设备制造业	111458	28324	33593	85253	82823
仪器仪表制造业	10076	2092	4120	8376	7748
其他制造业	1038	283	308	810	821
废弃资源综合利用业	101	24	38	84	82
金属制品、机械和设备修理业	775	86	258	462	591
电力、热力、燃气及水生产和供应业	**3977**	**556**	**1185**	**2550**	**2479**
电力、热力生产和供应业	1555	135	479	952	890
燃气生产和供应业	1923	284	496	1218	1244
水的生产和供应业	499	137	210	380	345

2-3-11 各地区工业企业R&D人员情况

地　区	R&D人员(人)	#女性	#研究人员	#全时人员	R&D人员折合全时当量(人年)
全　国	**4767501**	**1057078**	**1444084**	**3544185**	**3460409**
东部地区	3184420	714736	922580	2419186	2383164
中部地区	954236	202389	297930	691511	665008
西部地区	500940	109563	172832	342306	326180
东北地区	127905	30390	50742	91182	86056
北　京	64256	18202	29979	52363	46172
天　津	65505	16376	24508	48498	45227
河　北	126433	23959	35623	88822	86337
山　西	52889	8884	14642	34747	32547
内蒙古	29667	6156	10994	17216	18393
辽　宁	86138	19456	32953	61305	59978
吉　林	19919	5242	8605	13881	11806
黑龙江	21848	5692	9184	15996	14272
上　海	117886	27376	49232	94121	87957
江　苏	710532	163593	223820	527137	538781
浙　江	616790	140752	135770	452218	480493
安　徽	194479	36710	60642	135425	139988
福　建	192160	47313	58810	154554	140850
江　西	140173	32497	37954	105960	100473
山　东	376610	89318	116802	280015	255281
河　南	207609	43539	63744	152734	145464
湖　北	183933	41780	60383	134058	125066
湖　南	175153	38979	60565	128587	121470
广　东	911222	186807	246889	719540	700017
广　西	30957	6161	10937	20948	20407
海　南	3026	1040	1147	1918	2050
重　庆	102905	21509	32153	77298	69843
四　川	142877	31398	50129	101164	90128
贵　州	41280	8151	12200	25845	26261
云　南	42879	9245	11954	25177	28894
西　藏	309	86	127	192	190
陕　西	70206	18002	30082	49359	48809
甘　肃	13807	3147	5490	8763	8614
青　海	2942	654	1105	1699	1557
宁　夏	13944	2893	4252	8909	8333
新　疆	9167	2161	3409	5736	4752

2-3-12 各地区大型工业企业R&D人员情况

地　区	R&D人员(人)	#女性	#研究人员	#全时人员	R&D人员折合全时当量(人年)
全　国	**1682971**	**360099**	**605643**	**1227881**	**1251259**
东部地区	1068960	234826	376601	805456	827015
中部地区	349759	67485	119511	247903	249331
西部地区	204588	43994	82386	134377	135641
东北地区	59664	13794	27145	40145	39272
北　京	28719	7874	14176	23011	21635
天　津	24002	5590	9877	16859	15305
河　北	61537	9657	19848	41770	44180
山　西	33510	4954	9672	20948	21347
内蒙古	20269	4435	8532	11991	12300
辽　宁	35217	7682	15613	23395	24070
吉　林	12403	2988	5822	8090	7150
黑龙江	12044	3124	5710	8660	8052
上　海	48823	11672	24168	38131	37294
江　苏	187638	42902	67368	135520	144328
浙　江	131600	31303	43284	96582	105250
安　徽	69706	10451	24892	44328	50464
福　建	64198	15351	23094	52169	46146
江　西	44511	9871	13143	32752	31216
山　东	139531	33255	50954	101886	101940
河　南	93507	17972	29582	69882	68777
湖　北	59149	13982	23467	43987	42637
湖　南	49376	10255	18755	36006	34890
广　东	381899	77001	123451	299114	310264
广　西	14369	2181	6680	9254	10386
海　南	1013	221	381	414	673
重　庆	34144	7215	12107	26440	23735
四　川	52126	10994	20613	36218	33136
贵　州	16166	3078	5652	8410	10258
云　南	15654	3226	4848	7557	10975
西　藏	120	25	50	88	94
陕　西	36280	9503	17052	25214	25445
甘　肃	5011	1004	2414	2950	3389
青　海	1154	323	537	543	537
宁　夏	3790	657	1479	2056	2348
新　疆	5505	1353	2422	3656	3036

2-3-13 各地区中型工业企业R&D人员情况

地 区	R&D人员(人)	#女性	#研究人员	#全时人员	R&D人员折合全时当量(人年)
全 国	**1234883**	**288099**	**354816**	**910486**	**894699**
东部地区	842297	198933	232028	631250	628992
中部地区	225292	51904	68305	161556	155939
西部地区	136510	29665	43471	94810	88745
东北地区	30784	7597	11012	22870	21024
北 京	17222	5235	7992	13995	11998
天 津	18898	5161	6970	13980	13442
河 北	26515	6254	6612	18592	17191
山 西	10945	2159	2879	7932	6338
内蒙古	5878	960	1496	3010	3602
辽 宁	22304	5216	7790	16465	15639
吉 林	3954	1160	1597	2974	2444
黑龙江	4526	1221	1625	3431	2941
上 海	29287	6826	11541	23846	21971
江 苏	188178	44094	59488	136977	143633
浙 江	179394	41885	37659	131224	142187
安 徽	43245	9030	13190	30780	31525
福 建	59071	15831	17071	47242	45109
江 西	30682	7610	7838	23458	22278
山 东	97857	23966	29596	71513	64566
河 南	50680	11686	15580	34844	34417
湖 北	47210	11513	14552	33444	31866
湖 南	42530	9906	14266	31098	29514
广 东	224816	49221	54661	173161	168202
广 西	8522	2035	2209	5724	5188
海 南	1059	460	438	720	693
重 庆	34999	7223	10533	25693	23650
四 川	38075	8788	12789	27489	24755
贵 州	10929	1923	3205	7234	6897
云 南	10372	2117	2959	6388	6670
西 藏	84	41	45	39	35
陕 西	15726	4006	6319	11156	11023
甘 肃	4021	956	1592	2680	2458
青 海	974	133	294	618	563
宁 夏	5238	1152	1474	3735	3076
新 疆	1692	331	556	1044	829

2-3-14 各地区国有及国有控股工业企业R&D人员情况

地区	R&D人员(人)	#女性	#研究人员	#全时人员	R&D人员折合全时当量(人年)
全国	**818382**	**161016**	**351296**	**553456**	**560415**
东部地区	330948	67074	146558	229151	234289
中部地区	231504	39945	92615	157600	159621
西部地区	204844	41852	87835	131668	131945
东北地区	51086	12145	24288	35037	34561
北京	28598	8071	14594	22456	20222
天津	15348	3748	7639	9911	9362
河北	27827	5267	10728	17624	19373
山西	25695	4791	9800	15779	16445
内蒙古	16698	3024	7611	8773	9590
辽宁	27548	6329	12887	19098	19667
吉林	11307	2625	5182	7063	5870
黑龙江	12231	3191	6219	8876	9023
上海	36508	7822	18613	26815	28341
江苏	59769	11062	26355	41266	41997
浙江	21458	4395	9475	15621	17206
安徽	47247	5574	16617	26753	31600
福建	21327	3622	9692	16072	14466
江西	21082	3592	8172	14945	13888
山东	66290	12374	27791	44764	46950
河南	59107	10131	22687	42766	43373
湖北	48134	10343	21890	36506	34068
湖南	30239	5514	13449	20851	20247
广东	53121	10580	21331	34404	36022
广西	12867	2236	6202	8119	8994
海南	702	133	340	218	351
重庆	28589	5604	10753	21920	18523
四川	47998	9277	20848	31989	30073
贵州	20569	3403	7850	11290	13237
云南	17176	3202	6401	8849	11086
西藏	130	42	53	70	72
陕西	42940	11300	20250	30320	29403
甘肃	8110	1789	3670	4969	5452
青海	1810	381	760	918	978
宁夏	3109	527	1317	1680	1754
新疆	4848	1067	2120	2771	2783

2-3-15 各地区内资工业企业R&D人员情况

地　区	R&D人员（人）	#女性	#研究人员	#全时人员	R&D人员折合全时当量（人年）
全　国	**3877326**	**842621**	**1180438**	**2870665**	**2790079**
东部地区	2443073	533722	707116	1858522	1819077
中部地区	867688	182641	271915	624775	602425
西部地区	458897	100319	157897	311354	296451
东北地区	107668	25939	43510	76014	72126
北　京	52177	14722	24863	42458	36258
天　津	51312	12367	19336	37065	36734
河　北	110224	21516	31725	79629	75258
山　西	47946	8436	13874	30891	29652
内蒙古	28329	5867	10522	16330	17606
辽　宁	69590	15887	27363	49285	48646
吉　林	17059	4671	7190	11373	9672
黑龙江	21019	5381	8957	15356	13808
上　海	69488	15658	27399	54219	50718
江　苏	518840	115806	162430	382601	391923
浙　江	520956	117138	108883	380031	402896
安　徽	178690	33434	54874	123480	127718
福　建	136179	31925	42737	109174	98496
江　西	126129	28788	34086	95233	90351
山　东	330689	76652	101483	246121	224564
河　南	190725	39815	58902	139500	133245
湖　北	167055	37739	54125	121280	112602
湖　南	157143	34429	56054	114391	108856
广　东	650821	127032	187318	525679	500642
广　西	22515	4910	7327	15049	14118
海　南	2387	906	942	1545	1588
重　庆	89605	18301	27223	66474	60106
四　川	133714	29271	47436	94226	84139
贵　州	40162	7879	11885	25003	25682
云　南	40782	8792	11301	23837	27556
西　藏	269	79	105	156	160
陕　西	65209	16663	28222	46090	44700
甘　肃	13564	3112	5401	8615	8456
青　海	2880	638	1080	1662	1542
宁　夏	13439	2813	4082	8572	7968
新　疆	8429	1994	3313	5340	4418

2-3-16 各地区港澳台商投资工业企业R&D人员情况

地 区	R&D人员(人)	#女性	#研究人员	#全时人员	R&D人员折合全时当量(人年)
全 国	**434803**	**107629**	**115905**	**332406**	**332813**
东部地区	373993	92514	98709	285355	289465
中部地区	41113	10582	11147	32899	29963
西部地区	14301	3305	4353	10636	9928
东北地区	5396	1228	1696	3516	3458
北 京	3702	987	1688	3277	2998
天 津	5493	1438	1784	4391	4191
河 北	5672	963	1070	4086	3954
山 西	145	62	51	115	56
内蒙古	1130	271	425	759	668
辽 宁	4897	1057	1503	3117	3104
吉 林	127	18	51	113	90
黑龙江	372	153	142	286	264
上 海	12178	3197	5154	10104	9853
江 苏	78000	20182	24346	58794	59434
浙 江	49280	12426	13747	37697	41297
安 徽	6179	1392	2258	4754	4850
福 建	35096	9444	9496	28230	26136
江 西	6891	2115	1734	5264	4861
山 东	15871	4102	5016	11377	10385
河 南	9582	2184	2545	8134	7202
湖 北	5646	1681	1937	4187	4165
湖 南	12670	3148	2622	10445	8827
广 东	168348	39677	36287	127204	130962
广 西	1457	274	266	816	965
海 南	353	98	121	195	256
重 庆	5585	1410	1678	4617	4350
四 川	3183	679	1056	2379	2108
贵 州	673	154	161	579	270
云 南	1169	233	424	778	814
陕 西	813	247	261	520	576
甘 肃	128	20	37	62	89
宁 夏	95	10	43	81	84
新 疆	68	7	2	45	3

2-3-17 各地区外商投资工业企业R&D人员情况

地 区	R&D人员（人）	#女性	#研究人员	#全时人员	R&D人员折合全时当量（人年）
全 国	**455372**	**106828**	**147741**	**341114**	**337516**
东部地区	367354	88500	116755	275309	274622
中部地区	45435	9166	14868	33837	32621
西部地区	27742	5939	10582	20316	19802
东北地区	14841	3223	5536	11652	10472
北 京	8377	2493	3428	6628	6915
天 津	8700	2571	3388	7042	4301
河 北	10537	1480	2828	5107	7126
山 西	4798	386	717	3741	2838
内蒙古	208	18	47	127	118
辽 宁	11651	2512	4087	8903	8228
吉 林	2733	553	1364	2395	2044
黑龙江	457	158	85	354	200
上 海	36220	8521	16679	29798	27387
江 苏	113692	27605	37044	85742	87424
浙 江	46554	11188	13140	34490	36300
安 徽	9610	1884	3510	7191	7420
福 建	20885	5944	6577	17150	16219
江 西	7153	1594	2134	5463	5261
山 东	30050	8564	10303	22517	20331
河 南	7302	1540	2297	5100	5017
湖 北	11232	2360	4321	8591	8299
湖 南	5340	1402	1889	3751	3786
广 东	92053	20098	23284	66657	68413
广 西	6985	977	3344	5083	5325
海 南	286	36	84	178	205
重 庆	7715	1798	3252	6207	5386
四 川	5980	1448	1637	4559	3881
贵 州	445	118	154	263	309
云 南	928	220	229	562	524
西 藏	40	7	22	36	30
陕 西	4184	1092	1599	2749	3534
甘 肃	115	15	52	86	69
青 海	62	16	25	37	15
宁 夏	410	70	127	256	280
新 疆	670	160	94	351	331

第二部分

工业企业研发活动情况

工业企业 R&D 经费支出情况

(2020)

2-4-1-1 分登记注册类型工业企业R&D经费内部支出情况

单位：万元

登记注册类型	R&D经费内部支出	日常性支出	#人员劳务费	资产性支出	#仪器和设备	#政府资金	#企业资金
合 计	**152712905**	**141217920**	**48521062**	**11494985**	**11220043**	**4189938**	**147914094**
国有及国有控股	**34621721**	**32267741**	**10581619**	**2353980**	**2288923**	**2443200**	**32030793**
内资企业	**122726840**	**113290764**	**37880429**	**9436077**	**9206796**	**3768931**	**118647839**
国有企业	1573153	1429215	491264	143938	140226	128858	1430486
集体企业	68074	59529	20797	8546	8411	258	67816
股份合作企业	83893	78185	28930	5708	5651	545	83154
联营企业	27547	20175	6979	7372	7317	132	27416
国有联营企业	3958	3930	815	28	2		3958
集体联营企业	596	588	247	8			596
国有与集体联营企业	1753	1603	446	151	148	5	1748
其他联营企业	21240	14055	5471	7186	7167	127	21114
有限责任公司	42624608	39117655	13111347	3506954	3409873	2268913	40224151
国有独资公司	5158700	4762295	1479344	396405	384451	585285	4511049
其他有限责任公司	37465909	34355360	11632002	3110549	3025422	1683628	35713102
股份有限公司	21692734	20306822	7754654	1385911	1360116	747004	20869328
私营企业	56469869	52096606	16436278	4373262	4270878	617687	55764062
私营独资企业	415400	387223	89020	28176	27294	1649	413014
私营合伙企业	61853	57887	16199	3966	3626	308	61442
私营有限责任公司	47617967	43940800	13391644	3677168	3592379	456998	47091275
私营股份有限公司	8374649	7710697	2939415	663952	647579	158731	8198330
其他企业	186962	182576	30181	4386	4326	5536	181427
港、澳、台商投资企业	**12561629**	**11759149**	**4551516**	**802480**	**787352**	**157927**	**12330953**
合资经营企业	4458607	4189319	1517851	269288	264035	61657	4388111
合作经营企业	130549	114029	24044	16520	16901	670	121863
港、澳、台商独资经营企业	6818947	6365540	2606099	453406	444758	75718	6687780
港、澳、台商投资股份有限公司	1083770	1023755	380054	60015	58499	15551	1067774
其他港、澳、台投资企业	69757	66506	23469	3250	3160	4332	65425
外商投资企业	**17424436**	**16168008**	**6089116**	**1256428**	**1225896**	**263080**	**16935303**
中外合资经营企业	8715952	8118474	2592865	597478	579438	137046	8483909
中外合作经营企业	146022	142750	47346	3272	3053	1223	144268
外资企业	7474411	6883918	3106967	590493	579599	90225	7258023
外商投资股份有限公司	940734	893965	310343	46768	45764	31929	904455
其他外商投资企业	147317	128900	31596	18416	18043	2657	144648

2-4-1-2　分登记注册类型大型工业企业R&D经费内部支出情况

单位：万元

登记注册类型	R&D经费内部支出	日常性支出	#人员劳务费	资产性支出	#仪器和设备	#政府资金	#企业资金
合　计	**71636955**	**66441582**	**24136029**	**5195373**	**5069011**	**2765580**	**68553672**
国有及国有控股	**25441519**	**23736551**	**7861575**	**1704968**	**1656448**	**1997665**	**23328577**
内资企业	**54147107**	**50114668**	**18024068**	**4032439**	**3934202**	**2523934**	**51447631**
国有企业	919607	832662	305594	86945	84805	92755	817179
集体企业	6405	6405	1550				6405
股份合作企业	3383	3361	2715	22	23		3383
联营企业	14790	8480	3811	6310	6310		14790
其他联营企业	14790	8480	3811	6310	6310		14790
有限责任公司	25046732	23056771	8250789	1989961	1927781	1774830	23181308
国有独资公司	3609243	3342731	1049254	266512	257570	438945	3117930
其他有限责任公司	21437489	19714040	7201535	1723450	1670211	1335886	20063378
股份有限公司	15551485	14629568	5645751	921917	904134	525166	14959492
私营企业	12426686	11403499	3787301	1023187	1007109	125872	12292366
私营独资企业	39605	31426	7689	8180	8118		39605
私营有限责任公司	9380690	8628564	2727531	752126	740780	54418	9323237
私营股份有限公司	3006390	2743510	1052081	262881	258212	71454	2929524
其他企业	178019	173922	26556	4097	4040	5312	172708
港、澳、台商投资企业	**7178319**	**6731523**	**2705027**	**446796**	**438618**	**75286**	**7057442**
合资经营企业	2420977	2282481	847966	138496	136327	30657	2388430
合作经营企业	57756	57739	9458	17		378	57378
港、澳、台商独资经营企业	4017914	3752160	1618639	265754	260846	38498	3935715
港、澳、台商投资股份有限公司	672625	630096	226127	42530	41445	5753	666872
其他港、澳、台投资企业	9048	9048	2837				9048
外商投资企业	**10311530**	**9595392**	**3406935**	**716138**	**696191**	**166361**	**10048599**
中外合资经营企业	5767156	5375906	1539392	391249	376568	79573	5649426
中外合作经营企业	80211	79054	26730	1158	1008	373	79839
外资企业	3874010	3574935	1647623	299075	294834	68149	3748632
外商投资股份有限公司	553160	528582	186063	24579	23703	18117	533859
其他外商投资企业	36992	36916	7128	77	77	149	36843

2-4-1-3　分登记注册类型中型工业企业R&D经费内部支出情况

单位：万元

登记注册类型	R&D经费内部支出	日常性支出	#人员劳务费	资产性支出	#仪器和设备	#政府资金	#企业资金
合　计	**36085738**	**33020415**	**11264583**	**3065323**	**3003649**	**731327**	**35172297**
国有及国有控股	**5889356**	**5474355**	**1735124**	**415001**	**406073**	**290506**	**5578867**
内资企业	**28466583**	**25944133**	**8495465**	**2522451**	**2469310**	**630860**	**27778188**
国有企业	409177	379023	123172	30154	29411	23013	382243
集体企业	31958	23943	9176	8015	7919	70	31888
股份合作企业	21809	19526	6929	2283	2288	145	21627
联营企业	5762	5093	1112	669	652		5762
国有联营企业	1799	1799	325				1799
国有与集体联营企业	371	371	183				371
其他联营企业	3593	2923	604	669	652		3593
有限责任公司	9576898	8644098	2540707	932800	915391	283721	9274129
国有独资公司	980366	915311	279360	65055	63900	66042	912979
其他有限责任公司	8596532	7728787	2261348	867745	851491	217679	8361150
股份有限公司	4340721	3989919	1482558	350802	345182	163601	4169848
私营企业	14076545	12878820	4330190	1197725	1168465	160311	13888977
私营独资企业	82547	80164	12667	2384	2343	123	82152
私营合伙企业	15503	14633	5568	870	648	11	15492
私营有限责任公司	11299113	10323383	3305006	975731	954127	120023	11160805
私营股份有限公司	2679382	2460642	1006948	218740	211348	40154	2630528
其他企业	3714	3712	1621	2			3714
港、澳、台商投资企业	**3291631**	**3062554**	**1152272**	**229077**	**225842**	**42632**	**3228949**
合资经营企业	1251972	1165949	408746	86023	85024	17443	1230957
合作经营企业	39427	23392	4639	16035	16451		31476
港、澳、台商独资经营企业	1650817	1537842	613942	112975	110815	13081	1629247
港、澳、台商投资股份有限公司	304752	291857	110875	12896	12469	8037	296677
其他港、澳、台投资企业	44664	43515	14070	1149	1083	4071	40592
外商投资企业	**4327524**	**4013729**	**1616846**	**313795**	**308498**	**57835**	**4165160**
中外合资经营企业	1813958	1664332	645206	149626	147082	40041	1720893
中外合作经营企业	47030	45272	12093	1758	1682	495	46004
外资企业	2124651	1992016	868172	132634	130188	7413	2069169
外商投资股份有限公司	263477	246860	75716	16617	16748	7975	252597
其他外商投资企业	78409	65248	15660	13160	12798	1911	76497

2-4-1-4　分行业工业企业R&D经费内部支出情况

单位：万元

行　业	R&D经费内部支出	日常性支出	#人员劳务费	资产性支出	#仪器和设备	#政府资金	#企业资金
合　计	**152712905**	**141217920**	**48521062**	**11494985**	**11220043**	**4189938**	**147914094**
采矿业	**2948011**	**2748644**	**970422**	**199367**	**192396**	**75886**	**2867359**
煤炭开采和洗选业	1200800	1087449	401213	113351	110767	10237	1189255
石油和天然气开采业	801309	776901	317449	24407	22651	46364	754297
黑色金属矿采选业	182605	171527	50628	11078	10916	348	182210
有色金属矿采选业	226239	212629	68455	13611	12279	2270	223539
非金属矿采选业	202568	184632	43289	17936	16926	1175	200922
开采及其他辅助性活动	333718	314733	88967	18984	18857	15493	316362
其他采矿业	774	774	422				774
制造业	**147838121**	**136808834**	**47015938**	**11029287**	**10772071**	**4099285**	**143136659**
农副食品加工业	2765772	2607129	562547	158643	152786	33407	2725048
食品制造业	1572920	1450998	491505	121922	118599	23973	1547001
酒、饮料和精制茶制造业	896759	830138	267479	66621	63953	16567	877417
烟草制品业	280012	251757	135561	28255	28010	234	275428
纺织业	2313584	2079536	795830	234048	225443	17187	2290682
纺织服装、服饰业	1057885	1002727	365141	55158	53585	10275	1043760
皮革、毛皮、羽毛及其制品和制鞋业	902544	868624	282421	33920	32592	5486	894698
木材加工和木、竹、藤、棕、草制品业	672874	627691	144595	45182	43572	4521	667405
家具制造业	907096	864792	307233	42304	41268	3066	902967
造纸和纸制品业	1365798	1252749	358897	113049	109973	9843	1354444
印刷和记录媒介复制业	935793	842972	278407	92821	91340	5399	928757
文教、工美、体育和娱乐用品制造业	1014973	947753	393380	67220	65146	9765	999246
石油加工、炼焦和核燃料加工业	1895685	1774464	288285	121221	116583	4145	1887856
化学原料和化学制品制造业	7972319	7366140	2315413	606178	587968	125913	7813114
医药制造业	7845971	7227422	2053147	618550	604871	196865	7609088
化学纤维制造业	1323593	1207681	261634	115911	114071	10070	1310519
橡胶和塑料制品业	4448226	4085615	1214344	362611	354527	31860	4404644
非金属矿物制品业	5131083	4589600	1344898	541484	527457	54856	5039685
黑色金属冶炼和压延加工业	7992979	7389354	1063751	603624	601323	35106	7956439
有色金属冶炼和压延加工业	4187730	3927545	805099	260186	248985	78650	4105988
金属制品业	5619467	5161074	1392099	458394	450226	131977	5476230
通用设备制造业	9778885	9065468	3382469	713417	702997	204281	9527591
专用设备制造业	9659894	9195112	3416901	464783	451070	325580	9291789
汽车制造业	13634058	12730073	4647380	903985	876451	172366	13369490
铁路、船舶、航空航天和其他运输设备制造业	4851675	4563513	1527869	288162	279173	902796	3925036
电气机械和器材制造业	15670594	14645238	4673009	1025356	1001750	195879	15422883
计算机、通信和其他电子设备制造业	29151621	26501910	12583670	2649711	2596491	1325784	27682745
仪器仪表制造业	2937058	2758861	1374885	178197	174845	120604	2807748
其他制造业	480696	459069	150521	21627	21169	39238	435935
废弃资源综合利用业	384048	361039	57973	23009	22274	2455	381473
金属制品、机械和设备修理业	186531	172791	79594	13740	13574	1139	181553
电力、热力、燃气及水生产和供应业	**1926772**	**1660442**	**534702**	**266330**	**255577**	**14767**	**1910077**
电力、热力生产和供应业	1518190	1291618	398467	226572	217499	11687	1505376
燃气生产和供应业	236470	226773	79433	9697	8267	195	236083
水的生产和供应业	172113	142051	56801	30062	29810	2885	168618

2-4-1-5 分行业大型工业企业R&D经费内部支出情况

单位：万元

行业	R&D经费内部支出	日常性支出	#人员劳务费	资产性支出	#仪器和设备	#政府资金	#企业资金
合计	**71636955**	**66441582**	**24136029**	**5195373**	**5069011**	**2765580**	**68553672**
采矿业	**2173734**	**2021963**	**799767**	**151771**	**146520**	**60396**	**2109875**
煤炭开采和洗选业	934651	848375	332392	86276	83948	8066	925632
石油和天然气开采业	727030	702829	308215	24201	22460	36543	689840
黑色金属矿采选业	82521	75408	34834	7113	7248	229	82292
有色金属矿采选业	86352	78337	31727	8015	6885	1065	85288
非金属矿采选业	24451	16635	8980	7816	7752	163	24288
开采及其他辅助性活动	318728	300379	83620	18349	18227	14330	302536
制造业	**68769495**	**63830727**	**23082341**	**4938768**	**4821385**	**2696684**	**65758571**
农副食品加工业	372209	351683	90259	20526	19891	5573	365773
食品制造业	528275	486561	164048	41714	40781	9207	518741
酒、饮料和精制茶制造业	332973	316202	121668	16771	16029	7030	325880
烟草制品业	246779	222508	119600	24271	24274	47	242382
纺织业	507960	478237	181861	29723	28576	5139	502624
纺织服装、服饰业	271228	256072	119637	15156	15013	4140	267087
皮革、毛皮、羽毛及其制品和制鞋业	223665	218056	92967	5609	5035	1012	221012
木材加工和木、竹、藤、棕、草制品业	24420	23336	9212	1084	1066	473	23760
家具制造业	293665	285090	128672	8575	8315	608	292906
造纸和纸制品业	498907	479018	125823	19889	19107	2348	496381
印刷和记录媒介复制业	86603	78682	32102	7921	7981	304	86212
文教、工美、体育和娱乐用品制造业	209515	199051	75828	10465	9932	2743	205461
石油加工、炼焦和核燃料加工业	1296219	1206615	196616	89604	86008	1669	1293166
化学原料和化学制品制造业	1989220	1831009	581626	158212	152219	41927	1930760
医药制造业	3331878	3086780	816138	245098	238870	78076	3233041
化学纤维制造业	680396	630522	136173	49874	49366	2964	675270
橡胶和塑料制品业	1187396	1076609	343943	110788	107645	7315	1174484
非金属矿物制品业	879449	759594	247011	119856	116621	12084	845770
黑色金属冶炼和压延加工业	6728989	6280128	843931	448861	448688	27974	6700939
有色金属冶炼和压延加工业	2021522	1905349	393630	116173	111758	35238	1984971
金属制品业	1090389	1018689	280050	71700	70314	83788	1006165
通用设备制造业	2962029	2769968	1087778	192061	189037	96596	2861140
专用设备制造业	3162217	3073439	1109524	88778	85830	170862	2980407
汽车制造业	8399712	7925175	2952080	474536	456024	103041	8240265
铁路、船舶、航空航天和其他运输设备制造业	2927297	2770866	916426	156430	150248	771513	2141003
电气机械和器材制造业	7255178	6716583	2257179	538595	526175	108742	7117383
计算机、通信和其他电子设备制造业	20115958	18321039	9185891	1794919	1755731	1038996	18965468
仪器仪表制造业	770420	709174	354204	61246	60600	48623	721798
其他制造业	233349	222426	74701	10924	10893	28144	200474
废弃资源综合利用业	38341	38202	3565	139	133	71	38271
金属制品、机械和设备修理业	103336	94065	40201	9272	9225	439	99579
电力、热力、燃气及水生产和供应业	**693727**	**588893**	**253921**	**104834**	**101107**	**8501**	**685226**
电力、热力生产和供应业	577125	476393	198020	100732	97559	7876	569249
燃气生产和供应业	83896	81830	41860	2066	1600	7	83888
水的生产和供应业	32706	30670	14041	2037	1948	617	32089

2-4-1-6　分行业中型工业企业R&D经费内部支出情况

单位：万元

行　　业	R&D经费内部支出	日常性支出	#人员劳务费	资产性支出	#仪器和设备	#政府资金	#企业资金
合　计	**36085738**	**33020415**	**11264583**	**3065323**	**3003649**	**731327**	**35172297**
采矿业	**388601**	**361601**	**115526**	**27000**	**26658**	**5153**	**382655**
煤炭开采和洗选业	202309	182451	61254	19859	19782	2129	199826
石油和天然气开采业	18790	18774	5438	16	2	1016	17773
黑色金属矿采选业	45039	42422	10150	2617	2538	62	44977
有色金属矿采选业	79716	76762	24302	2954	2823	561	79155
非金属矿采选业	31779	30621	10359	1158	1116	247	31093
开采及其他辅助性活动	10195	9799	3600	397	397	1138	9057
其他采矿业	774	774	422				774
制造业	**35159584**	**32188953**	**11029964**	**2970631**	**2912389**	**723401**	**34255971**
农副食品加工业	677478	638153	154150	39325	37746	7734	666780
食品制造业	442223	406618	144496	35605	34766	4988	436592
酒、饮料和精制茶制造业	231901	215768	62194	16133	15416	3483	226478
烟草制品业	14499	13679	8420	819	718	83	14415
纺织业	859268	756418	298657	102850	100341	5573	850187
纺织服装、服饰业	378991	358064	131313	20926	20320	2263	375588
皮革、毛皮、羽毛及其制品和制鞋业	264695	252511	90254	12184	12055	908	263559
木材加工和木、竹、藤、棕、草制品业	160363	149616	37872	10747	10434	1045	159205
家具制造业	247887	233653	83400	14234	14036	869	246516
造纸和纸制品业	425050	377418	108695	47633	46592	3467	420701
印刷和记录媒介复制业	312122	287620	108733	24503	23911	938	310278
文教、工美、体育和娱乐用品制造业	340031	311514	147186	28517	27949	2852	334567
石油加工、炼焦和核燃料加工业	399755	378833	50576	20922	20292	1052	396409
化学原料和化学制品制造业	2633894	2418736	730850	215158	210246	36141	2588991
医药制造业	2581490	2355820	704387	225669	222119	73260	2495542
化学纤维制造业	347887	301028	58928	46859	46233	2731	345063
橡胶和塑料制品业	1060319	979275	314699	81044	80082	8027	1050271
非金属矿物制品业	1696733	1486980	424237	209753	205637	19058	1666974
黑色金属冶炼和压延加工业	701436	597513	102326	103923	103412	4806	695553
有色金属冶炼和压延加工业	1094327	1024393	198752	69934	65541	24785	1068911
金属制品业	1721623	1532943	431362	188680	186346	28518	1690217
通用设备制造业	2595646	2388289	924994	207356	204837	50243	2514560
专用设备制造业	2499147	2344694	951901	154454	150213	85597	2390147
汽车制造业	2883180	2649135	979741	234046	229062	36070	2818851
铁路、船舶、航空航天和其他运输设备制造业	1058171	996485	346557	61686	60432	66807	984804
电气机械和器材制造业	3851517	3614501	1142857	237016	231155	41532	3795698
计算机、通信和其他电子设备制造业	4588796	4091652	1781841	497145	490126	167539	4403412
仪器仪表制造业	888019	832387	444516	55632	54807	34255	851827
其他制造业	92025	89494	32291	2531	2292	8264	83311
废弃资源综合利用业	71398	68296	13154	3102	3092	185	71212
金属制品、机械和设备修理业	39715	37469	20626	2245	2182	327	39349
电力、热力、燃气及水生产和供应业	**537552**	**469861**	**119093**	**67692**	**64602**	**2773**	**533671**
电力、热力生产和供应业	441584	396207	90095	45377	42761	1681	439325
燃气生产和供应业	42660	41422	13726	1238	844		42660
水的生产和供应业	53309	32232	15272	21077	20997	1092	51687

2-4-1-7　分行业国有及国有控股工业企业R&D经费内部支出情况

单位：万元

行　业	R&D经费内部支出	日常性支出	#人员劳务费	资产性支出	#仪器和设备	#政府资金	#企业资金
合　计	**34621721**	**32267741**	**10581619**	**2353980**	**2288923**	**2443200**	**32030793**
采矿业	**2344869**	**2186926**	**844681**	**157943**	**152890**	**59884**	**2281037**
煤炭开采和洗选业	1002846	913705	356658	89141	87040	9674	991922
石油和天然气开采业	730020	706632	296914	23388	21700	32526	696846
黑色金属矿采选业	86311	78758	37256	7554	7676	266	86046
有色金属矿采选业	150911	140030	51831	10881	9694	1791	148932
非金属矿采选业	52091	43461	17354	8631	8554	238	51853
开采及其他辅助性活动	321916	303567	84247	18349	18227	15389	304664
其他采矿业	774	774	422				774
制造业	**30883875**	**28868738**	**9327015**	**2015138**	**1961653**	**2370958**	**28369768**
农副食品加工业	91315	85289	20116	6026	5916	1521	89648
食品制造业	138774	122046	46417	16729	16546	2752	135613
酒、饮料和精制茶制造业	188564	184752	80544	3812	3214	5302	183199
烟草制品业	270741	242707	131844	28035	27841	127	266265
纺织业	94973	87352	25278	7621	7457	982	93935
纺织服装、服饰业	21116	19383	7468	1733	1731	297	20387
皮革、毛皮、羽毛及其制品和制鞋业	9301	8336	2879	965	966	128	9087
木材加工和木、竹、藤、棕、草制品业	18940	18500	2883	440	330	106	18834
家具制造业	50623	50587	26153	36	12		50623
造纸和纸制品业	105760	102548	28172	3212	3147	912	104670
印刷和记录媒介复制业	64056	56777	27826	7279	7182	136	63834
文教、工美、体育和娱乐用品制造业	20928	19989	10494	939	937	421	20507
石油加工、炼焦和核燃料加工业	663981	621642	158859	42339	39539	1395	661587
化学原料和化学制品制造业	1651308	1532201	433341	119108	114028	44017	1589835
医药制造业	801782	754437	261495	47346	46761	33389	767651
化学纤维制造业	197575	168690	40784	28885	28524	3983	193592
橡胶和塑料制品业	249504	228361	62517	21142	20846	4355	245023
非金属矿物制品业	959544	838971	207577	120572	117535	19571	938784
黑色金属冶炼和压延加工业	3389657	3279815	484833	109842	107950	20328	3369127
有色金属冶炼和压延加工业	1611822	1518211	326408	93611	89327	49653	1559978
金属制品业	646284	600152	162127	46132	45644	101107	544499
通用设备制造业	1704543	1576869	566613	127674	127007	93507	1606932
专用设备制造业	1663795	1615258	511195	48537	46451	125188	1528995
汽车制造业	5792239	5472502	1848999	319737	308405	108491	5625023
铁路、船舶、航空航天和其他运输设备制造业	3051679	2887376	969996	164303	156622	876046	2157726
电气机械和器材制造业	1463596	1393563	464990	70033	68088	34407	1428773
计算机、通信和其他电子设备制造业	5169484	4629574	2102189	539910	531255	746245	4411242
仪器仪表制造业	484401	461856	203603	22546	22060	60456	421315
其他制造业	184679	175753	55016	8926	8768	35214	144461
废弃资源综合利用业	21156	21093	6252	63	49	188	20961
金属制品、机械和设备修理业	101757	94151	50150	7606	7517	736	97663
电力、热力、燃气及水生产和供应业	**1392977**	**1212078**	**409923**	**180899**	**174381**	**12358**	**1379988**
电力、热力生产和供应业	1196756	1039184	336559	157572	151300	10830	1185338
燃气生产和供应业	88853	87446	37340	1407	1312	18	88835
水的生产和供应业	107368	85447	36024	21921	21769	1510	105815

2-4-1-8 分行业内资工业企业R&D经费内部支出情况

单位：万元

行业	R&D经费内部支出	日常性支出	#人员劳务费	资产性支出	#仪器和设备	#政府资金	#企业资金
合 计	**122726840**	**113290764**	**37880429**	**9436077**	**9206796**	**3768931**	**118647839**
采矿业	**2811249**	**2614807**	**920871**	**196442**	**189617**	**60802**	**2745680**
煤炭开采和洗选业	1161604	1049147	380510	112457	109915	9027	1151270
石油和天然气开采业	728781	705393	296719	23388	21700	32526	695607
黑色金属矿采选业	176262	165571	49580	10690	10534	348	175867
有色金属矿采选业	216232	202817	64664	13415	12105	2270	213531
非金属矿采选业	196020	178373	41076	17646	16644	1175	194373
开采及其他辅助性活动	331577	312732	87901	18845	18718	15457	314258
其他采矿业	774	774	422				774
制造业	**118266234**	**109269682**	**36496909**	**8996552**	**8784544**	**3694086**	**114268048**
农副食品加工业	2413147	2274254	484683	138893	133723	30789	2376767
食品制造业	1164836	1073937	356885	90899	87908	20461	1142535
酒、饮料和精制茶制造业	800703	742729	229734	57974	55388	16014	784423
烟草制品业	277956	249858	134744	28098	27854	130	273476
纺织业	1880438	1681592	614229	198846	192946	14812	1861393
纺织服装、服饰业	768977	727436	247087	41541	40109	7557	758156
皮革、毛皮、羽毛及其制品和制鞋业	671889	644312	195756	27577	26292	4781	665503
木材加工和木、竹、藤、棕、草制品业	630185	589765	134149	40420	38923	3998	625360
家具制造业	719438	681142	232272	38296	37473	2763	716137
造纸和纸制品业	925799	833498	229813	92300	89659	8514	917065
印刷和记录媒介复制业	767129	698473	223588	68656	67083	4875	761383
文教、工美、体育和娱乐用品制造业	800519	743725	292857	56794	55210	8009	788943
石油加工、炼焦和核燃料加工业	1821004	1701773	273543	119231	114772	3156	1814271
化学原料和化学制品制造业	6961631	6433153	1913059	528478	513180	113230	6823570
医药制造业	6122078	5609202	1584540	512876	503100	157968	5953255
化学纤维制造业	1056004	962085	210310	93919	92609	9048	1044870
橡胶和塑料制品业	3590714	3287071	904515	303643	297074	27986	3555368
非金属矿物制品业	4620071	4129540	1181403	490531	476878	51458	4540572
黑色金属冶炼和压延加工业	7347513	6764402	994736	583111	581965	34069	7313088
有色金属冶炼和压延加工业	3778381	3553696	728781	224686	213880	76034	3699415
金属制品业	4883183	4460473	1140231	422709	415310	127737	4746812
通用设备制造业	7764129	7176819	2528716	587311	578653	173422	7576644
专用设备制造业	8292613	7889489	2850688	403124	391621	280616	7997127
汽车制造业	8017669	7483772	2853433	533897	519597	154870	7819814
铁路、船舶、航空航天和其他运输设备制造业	4384114	4108628	1337652	275486	266948	879121	3483256
电气机械和器材制造业	12895097	12044238	3663930	850859	828756	177477	12678990
计算机、通信和其他电子设备制造业	21592672	19589328	9596544	2003345	1958557	1148931	20403038
仪器仪表制造业	2386695	2256570	1111758	130126	127340	113643	2266876
其他制造业	429895	410496	131081	19400	19033	39030	385631
废弃资源综合利用业	360399	337710	52634	22689	21982	2451	357897
金属制品、机械和设备修理业	141355	130516	63561	10838	10723	1139	136416
电力、热力、燃气及水生产和供应业	**1649358**	**1406275**	**462649**	**243083**	**232635**	**14043**	**1634110**
电力、热力生产和供应业	1350631	1144666	369105	205965	196594	11462	1338043
燃气生产和供应业	140830	133541	44145	7289	6461	173	140657
水的生产和供应业	157898	128068	49399	29830	29579	2408	155410

2-4-1-9 分行业港澳台商投资工业企业R&D经费内部支出情况

单位：万元

行业	R&D经费内部支出	日常性支出	#人员劳务费	资产性支出	#仪器和设备	#政府资金	#企业资金
合计	**12561629**	**11759149**	**4551516**	**802480**	**787352**	**157927**	**12330953**
采矿业	**72471**	**71421**	**30962**	**1050**	**936**	**5073**	**67398**
煤炭开采和洗选业	13052	13009	7499	43		24	13028
石油和天然气开采业	48231	47401	20377	830	762	5050	43181
黑色金属矿采选业	4448	4448	166				4448
有色金属矿采选业	4260	4083	1752	177	174		4260
非金属矿采选业	686	685	219	1			686
开采及其他辅助性活动	1794	1794	950				1794
制造业	**12355878**	**11565482**	**4484728**	**790396**	**776198**	**152401**	**12130729**
农副食品加工业	123140	118780	24456	4360	3965	948	120888
食品制造业	154102	146693	49485	7409	7172	1630	152434
酒、饮料和精制茶制造业	34238	33542	15791	696	611	400	33833
烟草制品业	2056	1899	817	157	157	103	1952
纺织业	306010	279701	118917	26309	26011	1501	304293
纺织服装、服饰业	202899	195011	85592	7889	7725	831	201804
皮革、毛皮、羽毛及其制品和制鞋业	132298	130659	49936	1639	1582	235	131998
木材加工和木、竹、藤、棕、草制品业	24866	20346	5481	4520	4419	472	24394
家具制造业	122616	120568	51685	2048	1924	139	122105
造纸和纸制品业	251785	233365	74205	18421	18073	788	250973
印刷和记录媒介复制业	93594	84631	33287	8964	9068	391	92768
文教、工美、体育和娱乐用品制造业	142368	135574	68809	6794	6384	1421	139479
石油加工、炼焦和核燃料加工业	47670	46446	9489	1224	1072	403	47161
化学原料和化学制品制造业	411759	389444	152568	22315	21466	4015	407562
医药制造业	1041760	988612	250645	53148	51258	24528	1015383
化学纤维制造业	177930	160112	37616	17818	17497	678	176443
橡胶和塑料制品业	480188	440703	150666	39485	38981	3171	476427
非金属矿物制品业	317901	273411	97597	44489	44298	2294	307299
黑色金属冶炼和压延加工业	259270	250312	27958	8958	8897	658	257565
有色金属冶炼和压延加工业	165970	144040	36733	21930	21883	1427	164394
金属制品业	418770	393056	134414	25715	25385	1724	415386
通用设备制造业	551846	522232	263351	29614	29598	5768	540835
专用设备制造业	531055	507459	213231	23596	22707	7535	522253
汽车制造业	901593	868025	404558	33568	31730	7780	890523
铁路、船舶、航空航天和其他运输设备制造业	185443	179816	90465	5627	5576	5821	179363
电气机械和器材制造业	1513947	1408911	515026	105036	104659	10388	1501122
计算机、通信和其他电子设备制造业	3429336	3192019	1390530	237317	233149	63495	3324682
仪器仪表制造业	266425	237091	104281	29335	29092	3780	262642
其他制造业	32707	31015	11134	1692	1601	77	32435
废弃资源综合利用业	18362	18132	4052	230	207	4	18358
金属制品、机械和设备修理业	13975	13881	11953	94	53		13975
电力、热力、燃气及水生产和供应业	**133281**	**122247**	**35827**	**11034**	**10217**	**453**	**132826**
电力、热力生产和供应业	79002	69784	12965	9218	8976	170	78831
燃气生产和供应业	47686	46102	19801	1584	1011	18	47667
水的生产和供应业	6593	6361	3061	232	231	265	6328

2-4-1-10 分行业外商投资工业企业R&D经费内部支出情况

单位：万元

行业	R&D经费内部支出	日常性支出	#人员劳务费	资产性支出	#仪器和设备	#政府资金	#企业资金
合计	**17424436**	**16168008**	**6089116**	**1256428**	**1225896**	**263080**	**16935303**
采矿业	**64292**	**62417**	**18590**	**1875**	**1843**	**10011**	**54281**
煤炭开采和洗选业	26144	25292	13205	852	852	1187	24957
石油和天然气开采业	24297	24108	354	189	189	8788	15509
黑色金属矿采选业	1895	1507	882	387	381		1895
有色金属矿采选业	5747	5728	2040	19			5747
非金属矿采选业	5863	5574	1994	289	282		5863
开采及其他辅助性活动	346	207	116	139	139	36	310
制造业	**17216010**	**15973670**	**6034301**	**1242340**	**1211328**	**252798**	**16737881**
农副食品加工业	229486	214095	53408	15391	15099	1670	227393
食品制造业	253983	230368	85135	23614	23519	1882	252032
酒、饮料和精制茶制造业	61819	53867	21954	7952	7955	153	59160
纺织业	127136	118243	62684	8893	6486	874	124996
纺织服装、服饰业	86009	80281	32462	5728	5750	1888	83801
皮革、毛皮、羽毛及其制品和制鞋业	98356	93652	36729	4704	4718	470	97198
木材加工和木、竹、藤、棕、草制品业	17823	17580	4965	243	230	51	17651
家具制造业	65042	63082	23276	1960	1870	165	64726
造纸和纸制品业	188214	185887	54879	2328	2242	541	186406
印刷和记录媒介复制业	75070	59869	21533	15201	15188	134	74606
文教、工美、体育和娱乐用品制造业	72086	68455	31715	3632	3551	336	70824
石油加工、炼焦和核燃料加工业	27011	26245	5253	766	739	587	26424
化学原料和化学制品制造业	598929	543544	249786	55386	53322	8668	581982
医药制造业	682133	629608	217963	52525	50513	14370	640451
化学纤维制造业	89659	85485	13708	4174	3965	344	89206
橡胶和塑料制品业	377324	357841	159163	19483	18472	703	372849
非金属矿物制品业	193111	186648	65898	6463	6281	1104	191814
黑色金属冶炼和压延加工业	386195	374640	41058	11555	10462	380	385786
有色金属冶炼和压延加工业	243379	229810	39585	13570	13222	1189	242179
金属制品业	317514	307544	117454	9970	9531	2516	314032
通用设备制造业	1462909	1366417	590401	96492	94746	25091	1410113
专用设备制造业	836227	798164	352982	38063	36741	37428	772409
汽车制造业	4714796	4378276	1389389	336520	325123	9716	4659153
铁路、船舶、航空航天和其他运输设备制造业	282117	275069	99752	7048	6649	17855	262418
电气机械和器材制造业	1261551	1192089	494053	69462	68335	8014	1242770
计算机、通信和其他电子设备制造业	4129613	3720563	1596596	409050	404785	113358	3955026
仪器仪表制造业	283937	265200	158847	18737	18413	3181	278230
其他制造业	18093	17558	8307	535	535	132	17869
废弃资源综合利用业	5287	5198	1288	90	85		5218
金属制品、机械和设备修理业	31201	28394	4079	2808	2799		31162
电力、热力、燃气及水生产和供应业	**144134**	**131921**	**36225**	**12213**	**12725**	**271**	**143141**
电力、热力生产和供应业	88557	77167	16397	11390	11930	55	88503
燃气生产和供应业	47954	47131	15487	823	795	4	47759
水的生产和供应业	7623	7623	4341			213	6879

2-4-1-11　各地区工业企业R&D经费内部支出情况

单位：万元

地　　区	R&D经费内部支出	日常性支出		资产性支出		#政府资金	#企业资金
			#人员劳务费		#仪器和设备		
全　　国	**152712905**	**141217920**	**48521062**	**11494985**	**11220043**	**4189938**	**147914094**
东部地区	99684244	92411318	34962848	7272926	7102793	1950561	97366349
中部地区	31026864	28482936	7795769	2543929	2480735	1053731	29813849
西部地区	17097493	15642293	4516801	1455200	1419541	919627	16107179
东北地区	4904304	4681374	1245643	222930	216975	266020	4626717
北　　京	2974157	2793186	1231144	180971	174760	236620	2705091
天　　津	2287717	2057363	681089	230354	228340	37977	2208044
河　　北	4854544	4495697	1047947	358846	350710	37659	4811442
山　　西	1561790	1456441	345857	105349	103357	50419	1508140
内 蒙 古	1293714	1210345	221625	83370	81708	44471	1248924
辽　　宁	3353222	3218415	793205	134807	132421	186117	3160624
吉　　林	776448	722441	212799	54007	52146	10954	763626
黑 龙 江	774634	740518	239640	34116	32408	68949	702467
上　　海	6350087	5921494	2526323	428593	422127	381212	5924556
江　　苏	23816885	21788874	7981473	2028011	1992016	217673	23502698
浙　　江	13958988	13011567	5214515	947422	930938	135926	13803701
安　　徽	6394211	5871894	1916541	522317	505159	164983	6189768
福　　建	6669131	6162777	2281684	506354	499147	132260	6517156
江　　西	3460219	3108509	757675	351711	345267	52648	3407511
山　　东	13656187	12903820	3600130	752367	727401	213703	13394981
河　　南	6855770	6030745	1692499	825026	813136	90070	6674086
湖　　北	6109588	5561796	1234044	547793	533929	431471	5658009
湖　　南	6645286	6453552	1849153	191734	179888	264140	6376335
广　　东	24999527	23165139	10368471	1834388	1771739	556200	24383598
广　　西	1133332	935252	264740	198080	199645	31476	1099533
海　　南	117021	111401	30073	5620	5615	1331	115081
重　　庆	3725610	3412680	1053008	312930	301331	103920	3616518
四　　川	4276383	3941906	1401256	334477	323396	246367	4002371
贵　　州	1053574	947656	255708	105918	103691	119306	926788
云　　南	1451454	1383291	317941	68163	65580	22873	1421303
西　　藏	8944	8437	3344	507	488	208	8734
陕　　西	2684020	2460147	705675	223873	217434	309863	2369267
甘　　肃	521334	469944	123714	51390	50518	9002	498773
青　　海	103699	100233	17332	3466	3344	4376	99038
宁　　夏	453491	397483	67096	56008	55558	22339	431089
新　　疆	391939	374920	85362	17019	16846	5425	384842

2-4-1-12 各地区大型工业企业R&D经费内部支出情况

单位：万元

地区	R&D经费内部支出	日常性支出	#人员劳务费	资产性支出	#仪器和设备	#政府资金	#企业资金
全国	**71636955**	**66441582**	**24136029**	**5195373**	**5069011**	**2765580**	**68553672**
东部地区	46176937	43007594	17204299	3169344	3089217	1135520	44870244
中部地区	13864747	12650211	3883631	1214535	1189287	772780	13001197
西部地区	8622946	7909345	2319983	713601	697607	646269	7923681
东北地区	2972325	2874432	728116	97893	92900	211011	2758551
北京	1449773	1351462	582709	98311	92577	114247	1331459
天津	937666	874957	278877	62709	62441	9336	888247
河北	2995479	2951078	677685	44401	40908	19680	2973318
山西	1080109	999347	251043	80762	79289	39980	1037327
内蒙古	901102	842939	154510	58163	56829	33932	867006
辽宁	1821933	1777652	382796	44281	42982	147844	1671489
吉林	602214	570981	170052	31233	28893	4163	598050
黑龙江	548179	525800	175269	22379	21025	59003	489011
上海	3796961	3566870	1473409	230091	226978	322030	3449420
江苏	8973601	8192555	2931198	781046	768500	81509	8871895
浙江	4403083	4121559	1793453	281524	277783	36026	4358445
安徽	2876912	2687372	936416	189540	182985	66015	2783115
福建	2648853	2436890	1022371	211964	210544	83077	2561207
江西	1290761	1150284	360907	140477	138885	13720	1277041
山东	6639665	6334843	1817117	304822	293909	110967	6497623
河南	3426774	3071346	934542	355428	350589	36933	3343530
湖北	2911356	2527613	653639	383743	375683	400937	2496546
湖南	2278835	2214250	747086	64585	61857	215195	2063639
广东	14295510	13142575	6617258	1152934	1114040	358650	13902284
广西	821699	651707	198749	169992	172447	17411	802044
海南	36346	34805	10222	1542	1538		36346
重庆	1658493	1511984	478973	146509	140387	67194	1587985
四川	1872055	1717635	658669	154420	149671	129979	1722756
贵州	423720	394456	110389	29265	28611	89445	327139
云南	553609	544437	148898	9172	8369	7250	542295
西藏	2875	2674	517	201	182	34	2840
陕西	1609117	1515425	407949	93692	89860	285626	1321173
甘肃	297342	270903	76461	26439	25859	3670	280882
青海	46597	45907	6852	691	688	3019	43578
宁夏	125368	113882	13460	11485	11262	5351	120017
新疆	310969	297396	64555	13573	13441	3358	305966

2-4-1-13 各地区中型工业企业R&D经费内部支出情况

单位：万元

地区	R&D经费内部支出	日常性支出	#人员劳务费	资产性支出	#仪器和设备	#政府资金	#企业资金
全　国	**36085738**	**33020415**	**11264583**	**3065323**	**3003649**	**731327**	**35172297**
东部地区	24116734	22087048	8234070	2029686	1990668	438800	23557883
中部地区	6727884	6113912	1658953	613972	599266	114232	6566650
西部地区	4262265	3902209	1119981	360056	351836	140757	4114013
东北地区	978855	917247	251579	61608	61880	37538	933751
北　京	847263	790712	356020	56552	56368	91710	730829
天　津	717652	597976	195916	119676	118421	23591	693750
河　北	950398	697569	169116	252829	250365	6989	942223
山　西	288153	273477	53789	14676	14566	6311	281842
内蒙古	259459	242032	43537	17427	17121	5640	253750
辽　宁	749288	711301	192098	37987	37443	26322	720221
吉　林	109669	91582	28549	18087	18816	4106	103780
黑龙江	119898	114363	30933	5535	5622	7110	109751
上　海	1238625	1167082	528690	71543	69632	36734	1188414
江　苏	6095223	5560073	2093440	535151	525425	62707	5988431
浙　江	4179401	3873703	1513598	305698	299822	42627	4132160
安　徽	1231636	1110549	387985	121088	116094	44264	1180545
福　建	1865262	1712432	635382	152830	149905	29980	1826176
江　西	747611	663428	155539	84184	83286	13484	734122
山　东	3302324	3090543	860392	211781	205665	48070	3246402
河　南	1742311	1482538	377906	259773	256493	20563	1685676
湖　北	1275522	1196480	256778	79041	77945	11405	1261459
湖　南	1442651	1387440	426957	55211	50881	18205	1423006
广　东	4872490	4551497	1868848	320993	312433	95378	4763028
广　西	168564	152716	39304	15848	15405	8410	160146
海　南	48095	45461	12669	2634	2632	1015	46470
重　庆	1130802	1040395	320530	90407	88154	25691	1103829
四　川	1112673	1050899	361953	61774	59699	39463	1070772
贵　州	294308	251057	66395	43251	42431	24763	269530
云　南	407853	385485	70188	22368	21809	10244	394786
西　藏	3935	3837	2180	98	98	97	3838
陕　西	525518	445926	148041	79592	78101	14331	510487
甘　肃	107710	99127	21257	8583	8530	1947	105630
青　海	40174	37993	6966	2181	2088	633	39541
宁　夏	180492	162619	30004	17873	17746	8866	171626
新　疆	30778	30124	9626	654	653	674	30078

2-4-1-14 各地区国有及国有控股工业企业R&D经费内部支出情况

单位：万元

地　　区	R&D经费内部支出	日常性支出	#人员劳务费	资产性支出	#仪器和设备	#政府资金	#企业资金
全　　国	**34621721**	**32267741**	**10581619**	**2353980**	**2288923**	**2443200**	**32030793**
东部地区	234289	15798789	14839960	5409198	958829	936198	738624
中部地区	159621	8546881	7693532	2407734	853349	834719	728768
西部地区	131945	7822809	7378588	2112334	444221	425665	763395
东北地区	34561	2453242	2355660	652354	97581	92342	212413
北　　京	20222	1445168	1360530	558919	84638	80667	184978
天　　津	9362	579127	537476	170483	41650	40448	29034
河　　北	19373	1198468	1155479	240950	42989	42397	16892
山　　西	16445	802337	746762	185380	55575	54049	46737
内 蒙 古	9590	680676	643369	113245	37307	36312	36519
辽　　宁	19667	1375845	1324046	314279	51799	50476	142087
吉　　林	5870	552886	530540	155992	22346	19978	4696
黑 龙 江	9023	524511	501074	182083	23436	21888	65630
上　　海	28341	2849801	2669890	1025115	179910	178280	230677
江　　苏	41997	2618991	2405709	833208	213282	209474	48513
浙　　江	17206	843686	820904	422805	22783	22030	9663
安　　徽	31600	1686803	1586101	517886	100702	98289	64946
福　　建	14466	1002416	951473	325726	50943	50372	45391
江　　西	13888	585980	512764	182371	73216	72159	15974
山　　东	46950	2941662	2800745	940150	140917	136531	78259
河　　南	43373	1986648	1768960	506550	217688	214105	54654
湖　　北	34068	2245032	1906359	606858	338674	331618	335779
湖　　南	20247	1240081	1172587	408690	67494	64499	210679
广　　东	36022	2305202	2124915	884712	180287	174570	95219
广　　西	8994	541740	530074	175381	11665	6780	14378
海　　南	351	14268	12838	7130	1429	1429	
重　　庆	18523	1299016	1223659	390537	75357	73241	77277
四　　川	30073	1719216	1603259	564180	115957	112600	188928
贵　　州	13237	565948	526495	146314	39453	38849	113006
云　　南	11086	710009	679775	170361	30233	28753	16291
西　　藏	72	1731	1549	519	182	182	70
陕　　西	29403	1666690	1570711	413964	95980	91890	298327
甘　　肃	5452	321297	301335	69638	19962	19327	5672
青　　海	978	69242	68149	9514	1093	998	3209
宁　　夏	1754	74811	63869	13372	10942	10729	5960
新　　疆	2783	172433	166343	45309	6090	6004	3760

2-4-1-15 各地区内资工业企业R&D经费内部支出情况

单位：万元

地区	R&D经费内部支出	日常性支出	#人员劳务费	资产性支出	#仪器和设备	#政府资金	#企业资金
全国	**122726840**	**113290764**	**37880429**	**9436077**	**9206796**	**3768931**	**118647839**
东部地区	75240215	69638925	25928726	5601291	5467283	1595946	73503461
中部地区	28262882	25936698	6990016	2326183	2266508	1030811	27137231
西部地区	15389026	14045066	3993567	1343960	1312066	899548	14422271
东北地区	3834718	3670075	968120	164643	160939	242626	3584876
北京	2273106	2142985	961331	130121	126962	218632	2047015
天津	1800007	1606929	490041	193078	191159	35863	1762896
河北	4108520	3760690	910294	347830	341124	33289	4069920
山西	1473505	1374275	304497	99231	97256	50154	1420121
内蒙古	1230065	1153004	208749	77061	75438	43251	1186495
辽宁	2629146	2527881	574023	101264	99040	163015	2462218
吉林	457643	427505	163712	30139	30320	10662	446896
黑龙江	747928	714689	230386	33240	31580	68949	675761
上海	3356477	3132974	1288143	223504	221055	281483	3069439
江苏	16882975	15387096	5365014	1495879	1468105	169948	16669247
浙江	11212142	10419519	4059643	792622	778726	108811	11091325
安徽	5732341	5286292	1675666	446050	430290	157670	5566015
福建	4778812	4429665	1540938	349147	343814	109129	4660742
江西	3024789	2707898	671576	316891	310998	46949	2977780
山东	11826856	11161919	3035969	664938	642552	192108	11592178
河南	6343844	5588365	1532496	755479	743895	86569	6198588
湖北	5489673	4962533	1098815	527140	514281	429409	5040871
湖南	6198729	6017337	1706966	181392	169788	260062	5933857
广东	18926852	17527771	8254478	1399081	1348701	445528	18467996
广西	749939	562917	144459	187022	190471	25204	724642
海南	74469	69377	22876	5092	5086	1155	72704
重庆	3098409	2827725	883246	270684	260250	98296	2995181
四川	4051856	3727484	1306869	324372	313803	243455	3781224
贵州	1028849	925323	248916	103525	101387	119135	902293
云南	1388924	1323495	294834	65429	62882	21764	1359883
西藏	7096	6608	2836	488	488	208	6886
陕西	2409125	2216439	619809	192685	186264	308864	2095854
甘肃	512991	461882	120970	51108	50239	8945	490487
青海	100086	96620	16883	3466	3344	4113	95688
宁夏	434894	383688	63888	51206	50758	20891	413940
新疆	376793	359880	82109	16912	16740	5423	369699

2-4-1-16 各地区港澳台商投资工业企业R&D经费内部支出情况

单位：万元

地 区	R&D经费内部支出	日常性支出	#人员劳务费	资产性支出	#仪器和设备	#政府资金	#企业资金
全 国	**12561629**	**11759149**	**4551516**	**802480**	**787352**	**157927**	**12330953**
东部地区	10753713	10101161	4030101	652552	639654	139646	10577441
中部地区	1202157	1093982	344558	108176	106282	10497	1155640
西部地区	428333	390851	124920	37482	37190	6398	421833
东北地区	177426	173156	51937	4270	4226	1386	176040
北 京	237155	226431	90924	10724	9985	5241	231849
天 津	150419	145599	68928	4820	4746	835	141711
河 北	278586	276371	41998	2214	2099	595	277990
山 西	3568	3486	1128	82	82	72	3496
内蒙古	42261	40432	8927	1829	1791	1182	41080
辽 宁	150574	147183	44856	3391	3353	1386	149188
吉 林	6743	5920	1035	824	817		6743
黑龙江	20108	20053	6046	56	56		20108
上 海	577453	544757	251943	32696	32000	17092	555392
江 苏	2828196	2621308	1009485	206888	203675	39242	2779123
浙 江	1447166	1372623	636910	74543	73428	11319	1433653
安 徽	267450	223303	96056	44147	43475	4214	235768
福 建	1172565	1065610	436764	106955	105919	16621	1154124
江 西	241871	220112	37079	21760	21689	1001	240870
山 东	720269	688068	197499	32201	30957	4456	714613
河 南	231939	206803	92381	25136	25050	1797	222190
湖 北	226544	216424	37957	10121	9230	986	224958
湖 南	230785	223855	79957	6930	6756	2427	228358
广 东	3323165	3142159	1293258	181006	176339	44222	3270267
广 西	34367	33394	7459	973	942	1028	33339
海 南	18742	18235	2391	507	507	23	18719
重 庆	145399	144009	50959	1390	1300	1259	144141
四 川	89349	87824	28710	1525	1474	1664	87642
贵 州	12517	11518	3241	999	954	25	12433
云 南	39317	38335	15868	983	952	408	38909
陕 西	56852	27714	7088	29137	29137	574	56277
甘 肃	4023	3793	1499	229	227	38	3984
宁 夏	3470	3054	807	416	415	220	3250
新 疆	777	777	364				777

2-4-1-17　各地区外商投资工业企业R&D经费内部支出情况

单位：万元

地　区	R&D经费内部支出	日常性支出	#人员劳务费	资产性支出	#仪器和设备	#政府资金	#企业资金
全　国	**17424436**	**16168008**	**6089116**	**1256428**	**1225896**	**263080**	**16935303**
东部地区	13690315	12671232	5004022	1019083	995856	214969	13285446
中部地区	1561825	1452255	461196	109570	107945	12423	1520979
西部地区	1280134	1206376	398313	73758	70285	13681	1263076
东北地区	892161	838144	225586	54017	51810	22007	865801
北　京	463896	423770	178890	40126	37813	12747	426228
天　津	337292	304835	122120	32457	32434	1279	303437
河　北	467438	458636	95655	8802	7488	3775	463533
山　西	84717	78680	40232	6037	6019	192	84524
内蒙古	21388	16909	3950	4479	4479	38	21350
辽　宁	573502	543350	174326	30152	30028	21716	549218
吉　林	312061	289016	48052	23045	21009	292	309986
黑龙江	6598	5777	3208	821	773		6598
上　海	2416157	2243764	986236	172394	169072	82638	2299725
江　苏	4105714	3780469	1606973	325244	320237	8482	4054327
浙　江	1299681	1219425	517962	80256	78784	15796	1278724
安　徽	394419	362299	144820	32120	31395	3100	387985
福　建	717755	667503	303982	50252	49414	6511	702291
江　西	193559	180499	49020	13060	12580	4698	188862
山　东	1109062	1053833	366662	55229	53892	17139	1088190
河　南	279988	235577	67623	44411	44191	1705	253309
湖　北	393371	382839	97272	10532	10418	1077	392181
湖　南	215772	212360	62229	3411	3344	1652	214120
广　东	2749509	2495208	820735	254301	246700	66450	2645335
广　西	349026	338942	112821	10085	8232	5244	341551
海　南	23811	23789	4806	22	22	153	23658
重　庆	481801	440945	118803	40856	39781	4365	477196
四　川	135178	126598	65677	8580	8119	1248	133505
贵　州	12208	10815	3550	1394	1350	146	12062
云　南	23212	21461	7240	1751	1747	701	22511
西　藏	1848	1829	509	19			1848
陕　西	218044	215994	78779	2051	2033	425	217136
甘　肃	4321	4268	1245	52	52	19	4302
青　海	3613	3613	449			263	3350
宁　夏	15126	10740	2401	4386	4386	1228	13898
新　疆	14369	14263	2889	106	106	3	14367

2-4-2-1 分登记注册类型工业企业R&D经费外部支出情况

单位：万元

登记注册类型	R&D经费外部支出	#对境内研究机构支出	#对境内高等学校支出
合 计	**10084884**	**3452161**	**621689**
国有及国有控股	**3357038**	**755865**	**307785**
内资企业	**7912575**	**3152295**	**567170**
国有企业	235825	37363	36629
集体企业	2597	48	42
股份合作企业	1145	765	332
联营企业	37	9	6
其他联营企业	37	9	6
有限责任公司	3537990	1428373	215720
国有独资公司	697674	147627	66372
其他有限责任公司	2840316	1280746	149348
股份有限公司	1530540	288060	143618
私营企业	2599277	1396381	170110
私营独资企业	6146	1594	1159
私营合伙企业	632	146	277
私营有限责任公司	2362881	1340984	139155
私营股份有限公司	229618	53657	29519
其他企业	5165	1297	714
港、澳、台商投资企业	**595916**	**118930**	**27010**
合资经营企业	226382	38076	8255
合作经营企业	1836		11
港、澳、台商独资经营企业	297878	72713	13166
港、澳、台商投资股份有限公司	69155	8126	5565
其他港、澳、台投资企业	666	14	14
外商投资企业	**1576393**	**180936**	**27509**
中外合资经营企业	719884	80076	16239
中外合作经营企业	2941	289	292
外资企业	747725	83474	5416
外商投资股份有限公司	60070	17075	4619
其他外商投资企业	45774	23	944

2-4-2-2　分登记注册类型大型工业企业R&D经费外部支出情况

单位：万元

登记注册类型	R&D经费外部支出	#对境内研究机构支出	#对境内高等学校支出
合　计	**6761107**	**2642685**	**325830**
国有及国有控股	**2491999**	**487697**	**242267**
内资企业	**5432395**	**2461276**	**299928**
国有企业	143764	31166	29903
集体企业	1319		
股份合作企业	673	673	
有限责任公司	2445069	1052525	132007
国有独资公司	576785	133563	50345
其他有限责任公司	1868283	918962	81662
股份有限公司	1205228	210088	110375
私营企业	1631638	1165557	27022
私营独资企业	800	800	
私营有限责任公司	1565658	1153062	19194
私营股份有限公司	65180	11695	7828
其他企业	4705	1267	620
港、澳、台商投资企业	**307565**	**73542**	**13148**
合资经营企业(港或澳、台资)	92255	22660	1821
合作经营企业(港或澳、台资)	11		11
港、澳、台商独资经营企业	190314	49195	8061
港、澳、台商投资股份有限公司	24986	1688	3256
外商投资企业	**1021147**	**107867**	**12754**
中外合资经营企业	533167	48451	9715
中外合作经营企业	2702	133	239
外资企业	459548	49583	2216
外商投资股份有限公司	25730	9701	584

2-4-2-3 分登记注册类型中型工业企业R&D经费外部支出情况

单位：万元

登记注册类型	R&D经费外部支出	#对境内研究机构支出	#对境内高等学校支出
合 计	**1933794**	**490235**	**122018**
国有及国有控股	**660487**	**214756**	**41396**
内资企业	**1365656**	**414601**	**106257**
国有企业	78069	4320	2900
集体企业	1148		
股份合作企业	61	23	38
有限责任公司	706878	251386	45940
国有独资公司	94320	9166	8015
其他有限责任公司	612557	242220	37925
股份有限公司	230373	64987	22575
私营企业	348973	93885	34804
私营独资企业	2957	143	517
私营合伙企业	80	80	
私营有限责任公司	260048	71166	25188
私营股份有限公司	85889	22496	9100
其他企业	155		
港、澳、台商投资企业	**182961**	**27953**	**7682**
合资经营企业(港或澳、台资)	91134	9699	2881
港、澳、台商独资经营企业	55287	12975	2725
港、澳、台商投资股份有限公司	36387	5275	2076
其他港澳台投资企业	153	4	
外商投资企业	**385178**	**47681**	**8080**
中外合资经营企业	124659	17295	3451
中外合作经营企业	235	156	53
外资企业	199007	28142	1253
外商投资股份有限公司	18509	2066	2436
其他外商投资企业	42769	23	888

2-4-2-4 分行业工业企业R&D经费外部支出情况

单位：万元

行业	R&D经费外部支出	#对境内研究机构支出	#对境内高等学校支出
合　计	**10084884**	**3452161**	**621689**
采矿业	**304301**	**56451**	**82742**
煤炭开采和洗选业	147784	24980	32759
石油和天然气开采业	111632	21384	38589
黑色金属矿采选业	11277	4418	2757
有色金属矿采选业	13196	4213	2413
非金属矿采选业	5144	473	1313
开采及其他辅助性活动	15250	963	4911
其他采矿业	19	19	
制造业	**9328993**	**3316774**	**489116**
农副食品加工业	44395	15099	13854
食品制造业	73979	18598	18058
酒、饮料和精制茶制造业	35093	12819	9692
烟草制品业	37582	7378	7229
纺织业	32972	4845	6555
纺织服装、服饰业	15061	2397	1781
皮革、毛皮、羽毛及其制品和制鞋业	7657	926	353
木材加工和木、竹、藤、棕、草制品业	3208	1138	940
家具制造业	18603	876	1520
造纸和纸制品业	5921	1611	2846
印刷和记录媒介复制业	9639	1395	2585
文教、工美、体育和娱乐用品制造业	17820	4094	2865
石油加工、炼焦和核燃料加工业	47320	14913	9334
化学原料和化学制品制造业	273595	77181	58706
医药制造业	1219076	433799	50934
化学纤维制造业	9262	3787	2000
橡胶和塑料制品业	97982	12522	8638
非金属矿物制品业	58190	13485	15289
黑色金属冶炼和压延加工业	116226	45519	25833
有色金属冶炼和压延加工业	51880	18698	12321
金属制品业	55770	11191	10976
通用设备制造业	329562	45704	34273
专用设备制造业	319438	41232	29327
汽车制造业	1559159	316944	21617
铁路、船舶、航空航天和其他运输设备制造业	922782	245393	64510
电气机械和器材制造业	387657	54008	30570
计算机、通信和其他电子设备制造业	3414359	1890024	29960
仪器仪表制造业	119291	13577	11883
其他制造业	32149	4539	3496
废弃资源综合利用业	11060	2971	996
金属制品、机械和设备修理业	2305	114	174
电力、热力、燃气及水生产和供应业	**451590**	**78936**	**49831**
电力、热力生产和供应业	444980	77340	48603
燃气生产和供应业	3510	1240	232
水的生产和供应业	3100	356	995

2-4-2-5 分行业大型工业企业R&D经费外部支出情况

单位：万元

行业	R&D经费外部支出	#对境内研究机构支出	#对境内高等学校支出
合　计	**6761107**	**2642685**	**325830**
采矿业	**275604**	**48030**	**77136**
煤炭开采和洗选业	141210	23804	30606
石油和天然气开采业	105809	18751	37736
黑色金属矿采选业	5042	1644	2122
有色金属矿采选业	8414	2866	1550
非金属矿采选业	773	39	269
开采及其他辅助性活动	14357	925	4853
制造业	**6187417**	**2538466**	**207562**
农副食品加工业	8375	3188	1263
食品制造业	36030	7074	8364
酒、饮料和精制茶制造业	17980	7071	5056
烟草制品业	34133	6696	4877
纺织业	13447	2613	1144
纺织服装、服饰业	9020	1390	167
皮革、毛皮、羽毛及其制品和制鞋业	4660	3	125
木材加工和木、竹、藤、棕、草制品业	89	11	78
家具制造业	13579		384
造纸和纸制品业	1904	203	1240
印刷和记录媒介复制业	905	413	
文教、工美、体育和娱乐用品制造业	8996	1921	706
石油加工、炼焦和核燃料加工业	35993	12517	6662
化学原料和化学制品制造业	70273	19081	16412
医药制造业	466463	169925	15091
化学纤维制造业	1437	373	794
橡胶和塑料制品业	58089	1108	2089
非金属矿物制品业	5025	167	1833
黑色金属冶炼和压延加工业	100950	37781	23919
有色金属冶炼和压延加工业	32744	13968	7477
金属制品业	24658	4659	4238
通用设备制造业	163002	19824	11536
专用设备制造业	121163	12347	7168
汽车制造业	1203086	275881	15398
铁路、船舶、航空航天和其他运输设备制造业	567556	66877	47674
电气机械和器材制造业	187280	25244	7638
计算机、通信和其他电子设备制造业	2949909	1838301	11107
仪器仪表制造业	22538	5452	2763
其他制造业	27096	4363	2207
废弃资源综合利用业	72		72
金属制品、机械和设备修理业	965	18	85
电力、热力、燃气及水生产和供应业	**298086**	**56189**	**41131**
电力、热力生产和供应业	296199	55463	40928
燃气生产和供应业	899	622	0
水的生产和供应业	988	103	203

2-4-2-6 分行业中型工业企业R&D经费外部支出情况

单位：万元

行业	R&D经费外部支出	#对境内研究机构支出	#对境内高等学校支出
合 计	**1933794**	**490235**	**122018**
采矿业	**17188**	**5625**	**4219**
煤炭开采和洗选业	5290	1150	2100
石油和天然气开采业	1055	666	375
黑色金属矿采选业	4872	2679	451
有色金属矿采选业	3652	1038	574
非金属矿采选业	1470	35	665
开采及其他辅助性活动	831	38	54
其他采矿业	19	19	
制造业	**1801520**	**470761**	**115463**
农副食品加工业	12192	4398	3540
食品制造业	16863	5648	4135
酒、饮料和精制茶制造业	5030	1421	2282
烟草制品业	943	137	462
纺织业	9303	785	1051
纺织服装、服饰业	1885	543	544
皮革、毛皮、羽毛及其制品和制鞋业	1428	473	91
木材加工和木、竹、藤、棕、草制品业	816	329	124
家具制造业	1761	37	675
造纸和纸制品业	2368	915	741
印刷和记录媒介复制业	3631	280	1487
文教、工美、体育和娱乐用品制造业	4888	1163	854
石油加工、炼焦和核燃料加工业	4373	1135	1432
化学原料和化学制品制造业	85105	20862	17035
医药制造业	463082	175121	21286
化学纤维制造业	3002	579	360
橡胶和塑料制品业	16884	4204	1151
非金属矿物制品业	23132	6488	5015
黑色金属冶炼和压延加工业	7305	5722	674
有色金属冶炼和压延加工业	9542	2278	2792
金属制品业	14656	2423	1850
通用设备制造业	88107	12112	7950
专用设备制造业	68194	6850	7690
汽车制造业	268962	29729	1672
铁路、船舶、航空航天和其他运输设备制造业	296731	151830	12394
电气机械和器材制造业	127035	14665	9537
计算机、通信和其他电子设备制造业	225923	19177	5365
仪器仪表制造业	28523	1249	2167
其他制造业	3617	0	1012
废弃资源综合利用业	5158	212	94
金属制品、机械和设备修理业	1081		
电力、热力、燃气及水生产和供应业	**115086**	**13849**	**2336**
电力、热力生产和供应业	113769	13686	2088
燃气生产和供应业	957	144	157
水的生产和供应业	361	18	91

2-4-2-7 分行业国有及国有控股工业企业R&D经费外部支出情况

单位：万元

行　业	R&D经费外部支出	#对境内研究机构支出	#对境内高等学校支出
合　计	**3357038**	**755865**	**307785**
采矿业	**281449**	**54434**	**76105**
煤炭开采和洗选业	144717	24752	32673
石油和天然气开采业	98129	20728	32693
黑色金属矿采选业	8873	3806	2453
有色金属矿采选业	12623	4025	2375
非金属矿采选业	2582	179	1026
开采及其他辅助性活动	14507	925	4886
其他采矿业	19	19	
制造业	**2633714**	**626742**	**182905**
农副食品加工业	4380	3222	212
食品制造业	2103	583	819
酒、饮料和精制茶制造业	5261	1375	1916
烟草制品业	37582	7378	7229
纺织业	888	161	145
纺织服装、服饰业	443	20	86
皮革、毛皮、羽毛及其制品和制鞋业	24		21
家具制造业	10932	22	13
造纸和纸制品业	1785	99	1281
印刷和记录媒介复制业	1155	516	144
文教、工美、体育和娱乐用品制造业	189		4
石油加工、炼焦和核燃料加工业	30445	9615	6122
化学原料和化学制品制造业	78276	20104	16006
医药制造业	163808	73222	7976
化学纤维制造业	1358	352	467
橡胶和塑料制品业	3518	1587	694
非金属矿物制品业	8127	1066	1859
黑色金属冶炼和压延加工业	78268	27014	15065
有色金属冶炼和压延加工业	32871	12833	7637
金属制品业	25200	5727	4507
通用设备制造业	154979	13659	12387
专用设备制造业	71906	9986	5634
汽车制造业	684945	168633	11606
铁路、船舶、航空航天和其他运输设备制造业	831280	236876	60250
电气机械和器材制造业	71859	6313	7758
计算机、通信和其他电子设备制造业	268665	16987	7357
仪器仪表制造业	31092	5368	2587
其他制造业	26564	3878	2747
废弃资源综合利用业	4723	129	249
金属制品、机械和设备修理业	1091	18	129
电力、热力、燃气及水生产和供应业	**441875**	**74688**	**48775**
电力、热力生产和供应业	437633	73312	47820
燃气生产和供应业	2305	1193	184
水的生产和供应业	1936	183	772

2-4-2-8 分行业内资工业企业R&D经费外部支出情况

单位：万元

行　业	R&D经费外部支出	#对境内研究机构支出	#对境内高等学校支出
合　计	**7912575**	**3152295**	**567170**
采矿业	**286093**	**55354**	**76221**
煤炭开采和洗选业	143943	24619	32366
石油和天然气开采业	98129	20728	32693
黑色金属矿采选业	10536	4388	2600
有色金属矿采选业	13172	4189	2413
非金属矿采选业	5045	448	1238
开采及其他辅助性活动	15250	963	4911
其他采矿业	19	19	
制造业	**7211621**	**3018502**	**441628**
农副食品加工业	38606	13397	12508
食品制造业	46113	13109	14360
酒、饮料和精制茶制造业	34192	12512	9567
烟草制品业	37550	7378	7229
纺织业	20724	3945	6157
纺织服装、服饰业	11987	2176	1413
皮革、毛皮、羽毛及其制品和制鞋业	4510	543	232
木材加工和木、竹、藤、棕、草制品业	3128	1058	940
家具制造业	7138	876	1479
造纸和纸制品业	5176	1577	2800
印刷和记录媒介复制业	7667	1395	1232
文教、工美、体育和娱乐用品制造业	13459	3988	2639
石油加工、炼焦和核燃料加工业	38463	13627	8252
化学原料和化学制品制造业	228541	63394	52568
医药制造业	951922	316782	44422
化学纤维制造业	7081	3739	1875
橡胶和塑料制品业	53318	12007	8085
非金属矿物制品业	48213	11992	13056
黑色金属冶炼和压延加工业	111803	42901	25450
有色金属冶炼和压延加工业	48952	18110	11981
金属制品业	49742	11100	10623
通用设备制造业	216602	29455	31119
专用设备制造业	240176	30766	27265
汽车制造业	738931	225935	12290
铁路、船舶、航空航天和其他运输设备制造业	876752	243561	62928
电气机械和器材制造业	284504	46021	29083
计算机、通信和其他电子设备制造业	2944374	1868647	26745
仪器仪表制造业	98181	11917	10866
其他制造业	32015	4494	3452
废弃资源综合利用业	9501	1987	838
金属制品、机械和设备修理业	2302	114	174
电力、热力、燃气及水生产和供应业	**414860**	**78440**	**49321**
电力、热力生产和供应业	409130	76958	48287
燃气生产和供应业	2749	1134	124
水的生产和供应业	2981	349	910

2-4-2-9 分行业港澳台商投资工业企业R&D经费外部支出情况

单位：万元

行业	R&D经费外部支出	#对境内研究机构支出	#对境内高等学校支出
合 计	**595916**	**118930**	**27010**
采矿业	**10691**	**406**	**5566**
石油和天然气开采业	10667	382	5566
有色金属矿采选业	24	24	
制造业	**557330**	**118254**	**21252**
农副食品加工业	2372	1193	631
食品制造业	13528	4756	1643
酒、饮料和精制茶制造业	639	120	114
烟草制品业	32		
纺织业	8873	774	250
纺织服装、服饰业	126		115
皮革、毛皮、羽毛及其制品和制鞋业	1537	193	
木材加工和木、竹、藤、棕、草制品业	80	80	
家具制造业	11355		41
造纸和纸制品业	661	20	39
印刷和记录媒介复制业	1891		1343
文教、工美、体育和娱乐用品制造业	3970	88	217
石油加工、炼焦和核燃料加工业	3997	1184	266
化学原料和化学制品制造业	14435	6256	3620
医药制造业	153190	64658	3654
化学纤维制造业	798	23	59
橡胶和塑料制品业	4527	433	138
非金属矿物制品业	3181	112	367
黑色金属冶炼和压延加工业	1169	1151	17
有色金属冶炼和压延加工业	821	42	52
金属制品业	2524	89	124
通用设备制造业	33756	1044	642
专用设备制造业	24545	4652	776
汽车制造业	49793	12410	2241
铁路、船舶、航空航天和其他运输设备制造业	23718	220	1228
电气机械和器材制造业	38441	6504	739
计算机、通信和其他电子设备制造业	150849	12091	2192
仪器仪表制造业	5936	116	662
其他制造业	110	45	20
废弃资源综合利用业	481	1	64
金属制品、机械和设备修理业			
电力、热力、燃气及水生产和供应业	**27894**	**269**	**192**
电力、热力生产和供应业	27756	210	121
燃气生产和供应业	120	52	60
水的生产和供应业	18	8	11

2-4-2-10　分行业外商投资工业企业R&D经费外部支出情况

单位：万元

行　　业	R&D经费外部支出	#对境内研究机构支出	#对境内高等学校支出
合　计	**1576393**	**180936**	**27509**
采矿业	**7517**	**691**	**955**
煤炭开采和洗选业	3841	361	393
石油和天然气开采业	2836	274	330
黑色金属矿采选业	740	30	157
非金属矿采选业	100	26	74
制造业	**1560041**	**180018**	**26237**
农副食品加工业	3416	509	715
食品制造业	14338	733	2055
酒、饮料和精制茶制造业	262	187	10
纺织业	3376	126	148
纺织服装、服饰业	2948	221	254
皮革、毛皮、羽毛及其制品和制鞋业	1610	189	121
家具制造业	110		
造纸和纸制品业	85	14	6
印刷和记录媒介复制业	81		10
文教、工美、体育和娱乐用品制造业	392	18	8
石油加工、炼焦和核燃料加工业	4860	102	816
化学原料和化学制品制造业	30619	7531	2519
医药制造业	113964	52359	2859
化学纤维制造业	1384	24	66
橡胶和塑料制品业	40138	82	415
非金属矿物制品业	6796	1381	1866
黑色金属冶炼和压延加工业	3255	1468	366
有色金属冶炼和压延加工业	2107	546	288
金属制品业	3504	2	229
通用设备制造业	79205	15205	2513
专用设备制造业	54718	5814	1286
汽车制造业	770435	78599	7086
铁路、船舶、航空航天和其他运输设备制造业	22312	1612	354
电气机械和器材制造业	64712	1484	749
计算机、通信和其他电子设备制造业	319136	9287	1024
仪器仪表制造业	15174	1544	355
其他制造业	25		25
废弃资源综合利用业	1077	983	94
金属制品、机械和设备修理业	2		1
电力、热力、燃气及水生产和供应业	**8835**	**227**	**318**
电力、热力生产和供应业	8094	173	195
燃气生产和供应业	641	54	49
水的生产和供应业	100		74

2-4-2-11 各地区工业企业R&D经费外部支出情况

单位：万元

地 区	R&D经费外部支出	#对境内研究机构支出	#对境内高等学校支出
全 国	**10084884**	**3452161**	**621689**
东部地区	7276674	2828225	330759
中部地区	1360458	294932	149410
西部地区	998693	260804	113044
东北地区	449059	68200	28476
北 京	398971	186993	37430
天 津	141080	12977	7418
河 北	190318	94672	9995
山 西	112430	32051	13768
内蒙古	72571	32589	11828
辽 宁	160138	23907	13098
吉 林	239359	36266	5523
黑龙江	49562	8027	9854
上 海	699016	29321	18056
江 苏	1089470	171695	89176
浙 江	670835	123123	49465
安 徽	360351	59491	37415
福 建	157656	35174	14467
江 西	111649	16865	10649
山 东	755451	164879	66490
河 南	181429	42313	23527
湖 北	351340	78452	26764
湖 南	243259	65760	37287
广 东	3143902	1995376	38004
广 西	60041	19841	5027
海 南	29975	14016	259
重 庆	139410	27801	9871
四 川	251016	71186	27425
贵 州	79063	14959	5596
云 南	54315	8164	10019
西 藏	1315	918	121
陕 西	248993	54678	23117
甘 肃	35761	17748	7001
青 海	8654	2219	1100
宁 夏	13620	1681	1922
新 疆	33935	9021	10017

2-4-2-12　各地区大型工业企业R&D经费外部支出情况

单位：万元

地　区	R&D经费外部支出	#对境内研究机构支出	#对境内高等学校支出
全　国	**6761107**	**2642685**	**325830**
东部地区	4985914	2301790	157893
中部地区	803699	130044	69292
西部地区	633526	176863	76058
东北地区	337968	33988	22587
北　京	150721	24857	19993
天　津	103544	5821	4809
河　北	143597	81427	5660
山　西	92231	19524	12557
内蒙古	59085	29540	10654
辽　宁	101620	9093	10819
吉　林	202444	20918	4105
黑龙江	33904	3977	7662
上　海	603034	22171	13883
江　苏	505731	69244	29726
浙　江	335690	73456	11603
安　徽	229320	34064	17665
福　建	66320	5626	7491
江　西	60075	8810	5049
山　东	502950	93758	41475
河　南	114716	20869	12923
湖　北	201128	30179	12174
湖　南	106229	16598	8926
广　东	2570069	1921750	23223
广　西	49209	16442	4394
海　南	4258	3680	30
重　庆	76863	13796	6135
四　川	140253	50859	12463
贵　州	56045	7283	3615
云　南	21252	3528	2344
西　藏	121	10	112
陕　西	157988	28177	18724
甘　肃	29285	15698	5805
青　海	3669	2175	988
宁　夏	8479	1084	1212
新　疆	31277	8271	9614

2-4-2-13 各地区中型工业企业R&D经费外部支出情况

单位：万元

地　区	R&D经费外部支出	#对境内研究机构支出	#对境内高等学校支出
全　国	**1933794**	**490235**	**122018**
东部地区	1404337	355822	72750
中部地区	244025	65159	29724
西部地区	218694	51254	15569
东北地区	66738	18000	3975
北　京	201088	148464	12347
天　津	20569	2887	1184
河　北	23636	7252	1859
山　西	15234	10680	695
内蒙古	9462	1897	629
辽　宁	30155	6262	1090
吉　林	27564	10447	932
黑龙江	9019	1291	1953
上　海	51734	3273	2018
江　苏	298021	64740	16562
浙　江	195291	25172	14414
安　徽	75456	12777	7780
福　建	50180	20323	3076
江　西	21637	3394	2028
山　东	148831	41596	14526
河　南	29245	12162	4263
湖　北	62583	15890	5766
湖　南	39870	10256	9192
广　东	397255	33875	6560
广　西	4032	2496	275
海　南	17733	8241	205
重　庆	41668	7207	1794
四　川	58840	10786	7512
贵　州	13323	5169	1290
云　南	10392	2101	1322
西　藏	1025	740	9
陕　西	70255	19358	2141
甘　肃	2662	1134	246
青　海	4831		43
宁　夏	1182	192	88
新　疆	1022	174	220

2-4-2-14 各地区国有及国有控股工业企业R&D经费外部支出情况

单位：万元

地 区	R&D经费外部支出	#对境内研究机构支出	#对境内高等学校支出
全 国	**3357038**	**755865**	**307785**
东部地区	1967081	423795	134561
中部地区	565867	125173	67874
西部地区	636444	172357	81795
东北地区	187646	34539	23556
北 京	314102	159246	34897
天 津	36874	7763	4583
河 北	31787	5883	5966
山 西	83851	19762	12605
内蒙古	45404	24279	5210
辽 宁	61120	11130	11088
吉 林	94936	18848	4505
黑龙江	31590	4561	7964
上 海	597165	23644	14612
江 苏	234871	34206	23002
浙 江	52562	19979	2521
安 徽	135358	20975	16663
福 建	50754	12629	7340
江 西	37029	6240	5408
山 东	305232	66782	34950
河 南	51981	18739	10779
湖 北	192443	46649	14366
湖 南	65205	12808	8053
广 东	338066	88285	6657
广 西	34470	6362	4239
海 南	5668	5378	33
重 庆	65191	15924	6665
四 川	125387	44871	13628
贵 州	35407	6144	4447
云 南	34422	5146	8430
西 藏	171	17	121
陕 西	220831	41632	20846
甘 肃	30751	16374	6580
青 海	4517	2175	1040
宁 夏	9488	765	1053
新 疆	30406	8669	9539

2-4-2-15　各地区内资工业企业R&D经费外部支出情况

单位：万元

地　区	R&D经费外部支出	#对境内研究机构支出	#对境内高等学校支出
全　国	**7912575**	**3152295**	**567170**
东部地区	5569938	2583287	287581
中部地区	1187198	264326	142839
西部地区	927247	243367	108439
东北地区	228192	61316	28311
北　京	378270	181260	37192
天　津	49620	9466	6926
河　北	134918	55328	8937
山　西	106240	26253	13736
内蒙古	71937	32513	11731
辽　宁	102149	22007	12934
吉　林	79334	31282	5523
黑龙江	46709	8027	9854
上　海	394385	12475	12147
江　苏	626170	115066	79269
浙　江	415451	71154	39114
安　徽	299581	57250	35834
福　建	118747	31423	12707
江　西	104615	16699	10642
山　东	626216	130304	63734
河　南	175842	40733	22454
湖　北	277129	61994	24594
湖　南	223791	61397	35579
广　东	2805594	1962987	27326
广　西	32897	5260	1703
海　南	20567	13825	229
重　庆	121532	27103	9820
四　川	236562	70504	26933
贵　州	75638	14611	5328
云　南	47382	7281	9757
西　藏	1315	918	121
陕　西	248071	54532	23041
甘　肃	35731	17726	6994
青　海	8654	2219	1100
宁　夏	13594	1681	1896
新　疆	33935	9021	10017

2-4-2-16 各地区港澳台商投资工业企业R&D经费外部支出情况

单位：万元

地　区	R&D经费外部支出	#对境内研究机构支出	#对境内高等学校支出
全　国	**595916**	**118930**	**27010**
东部地区	519748	99416	24994
中部地区	50949	16475	1344
西部地区	14832	1154	636
东北地区	10388	1885	36
北　京	7435	1208	16
天　津	5530	423	241
河　北	40693	30643	118
山　西	4914	4646	
内蒙古	171	74	97
辽　宁	7484	1885	36
吉　林	51		
黑龙江	2852		
上　海	25135	1104	1729
江　苏	131442	19514	5387
浙　江	80330	3154	7106
安　徽	29157	1044	912
福　建	14279	2406	1208
江　西	859	70	8
山　东	61290	19928	370
河　南	1353	41	80
湖　北	9219	7060	166
湖　南	5447	3615	179
广　东	144259	20845	8792
广　西	233	5	5
海　南	9355	191	29
重　庆	2308	434	1
四　川	9712	520	176
贵　州	1256		117
云　南	1121	99	233
甘　肃	30	23	7

2-4-2-17 各地区外商投资工业企业R&D经费外部支出情况

单位：万元

地　　区	R&D经费外部支出	#对境内研究机构支出	#对境内高等学校支出
全　　国	**1576393**	**180936**	**27509**
东部地区	1186988	145522	18184
中部地区	122311	14131	5227
西部地区	56615	16283	3970
东北地区	210479	5000	128
北　　京	13266	4525	222
天　　津	85931	3089	252
河　　北	14708	8701	940
山　　西	1276	1152	32
内 蒙 古	462	1	
辽　　宁	50505	15	128
吉　　林	159975	4985	
黑 龙 江			
上　　海	279497	15742	4180
江　　苏	331857	37115	4520
浙　　江	175054	48816	3246
安　　徽	31613	1197	669
福　　建	24630	1345	553
江　　西	6175	96	
山　　东	67945	14647	2387
河　　南	4234	1539	993
湖　　北	64992	9398	2004
湖　　南	14022	749	1529
广　　东	194049	11544	1886
广　　西	26911	14576	3320
海　　南	53		
重　　庆	15570	265	50
四　　川	4742	162	317
贵　　州	2169	348	152
云　　南	5812	785	29
陕　　西	922	146	76
宁　　夏	26		26

第二部分

工业企业研发活动情况

工业企业办研发机构情况

(2020)

2-5-1　分登记注册类型工业企业办研发机构情况

登记注册类型	机构数（个）	机构人员数（人）	#博士	#硕士	机构经费支出（万元）	仪器和设备原价（万元）
合　计	**105094**	**3713270**	**45717**	**413862**	**135835614**	**98513503**
国有及国有控股	**6604**	**614042**	**9860**	**144561**	**29575193**	**25784923**
内资企业	**91708**	**2941976**	**39941**	**348790**	**108024780**	**73521672**
国有企业	483	36354	748	7474	1471608	2172561
集体企业	70	1540	22	89	42724	54755
股份合作企业	160	3158	23	131	71599	74178
联营企业	10	507	7	54	18508	10359
国有联营企业	3	54		4	1222	1407
集体联营企业	1	24			566	138
其他联营企业	6	429	7	50	16720	8814
有限责任公司	15562	826099	14477	153275	40050583	28470957
国有独资公司	1053	88468	1748	20890	3715417	4542668
其他有限责任公司	14509	737631	12729	132385	36335166	23928289
股份有限公司	6222	529396	8786	106496	21542591	12402305
私营企业	69188	1541637	15866	80636	44782696	30253336
私营独资企业	814	9043	90	313	274892	151651
私营合伙企业	138	1583	13	54	39108	30146
私营有限责任公司	61432	1276066	11752	60247	36815042	24695072
私营股份有限公司	6804	254945	4011	20022	7653655	5376468
其他企业	13	3285	12	635	44471	83220
港、澳、台商投资企业	**6919**	**403716**	**2605**	**26461**	**12197413**	**11058314**
合资经营企业	2108	117707	1050	9086	4270698	3721307
合作经营企业	65	2464	10	95	66390	55606
港、澳、台商独资经营企业	4275	239934	1079	13771	6634350	5453093
港、澳、台商投资股份有限公司	419	41554	459	3453	1170297	1802094
其他港、澳、台投资企业	52	2057	7	56	55679	26215
外商投资企业	**6467**	**367578**	**3171**	**38611**	**15613421**	**13933517**
中外合资经营企业	2399	156976	1544	21828	8578919	6283007
中外合作经营企业	50	2644	11	184	78999	215983
外资企业	3716	185697	1201	13798	5965165	6770475
外商投资股份有限公司	238	19194	362	2545	818205	551457
其他外商投资企业	64	3067	53	256	172133	112594

2-5-2 分登记注册类型大型工业企业办研发机构情况

登记注册类型	机构数（个）	机构人员数（人）	#博士	#硕士	机构经费支出（万元）	仪器和设备原价（万元）
合 计	**7466**	**1448546**	**20807**	**271078**	**73172184**	**41288597**
国有及国有控股	**2205**	**424604**	**7031**	**113820**	**22892597**	**14633745**
内资企业	**5628**	**1055391**	**18216**	**229043**	**56255102**	**27663846**
国有企业	142	23942	535	5244	978950	1574324
股份合作企业	1	35		1	17	30
联营企业	1	236	7	39	8969	6248
其他联营企业	1	236	7	39	8969	6248
有限责任公司	2012	428716	9247	113551	27215422	12481285
国有独资公司	358	53799	1276	14048	2596080	2926036
其他有限责任公司	1654	374917	7971	99503	24619343	9555249
股份有限公司	1790	345166	5582	84500	15859813	7754543
私营企业	1680	254252	2834	25078	12153623	5766632
私营独资企业	4	1017	4	57	45293	15739
私营有限责任公司	1154	174162	1396	16775	9011668	4203925
私营股份有限公司	522	79073	1434	8246	3096662	1546968
其他企业	2	3044	11	630	38309	80785
港、澳、台商投资企业	**915**	**211508**	**1201**	**17456**	**7064809**	**6008703**
合资经营企业	270	57054	391	5293	2376320	1614896
合作经营企业	5	550	1	5	7609	5872
港、澳、台商独资经营企业	517	125289	538	9896	3936300	3084265
港、澳、台商投资股份有限公司	120	28097	271	2259	728763	1298561
其他港、澳、台投资企业	3	518		3	15817	5109
外商投资企业	**923**	**181647**	**1390**	**24579**	**9852274**	**7616048**
中外合资经营企业	371	86644	743	15901	6244391	4241067
中外合作经营企业	8	1265	4	106	46001	168182
外资企业	476	82572	460	7073	2986269	2863046
外商投资股份有限公司	65	10541	183	1495	533309	334108
其他外商投资企业	3	625		4	42304	9645

2-5-3　分登记注册类型中型工业企业办研发机构情况

登记注册类型	机构数（个）	机构人员数（人）	#博士	#硕士	机构经费支出（万元）	仪器和设备原价（万元）
合　计	**19048**	**982125**	**9946**	**74807**	**29307742**	**25260327**
国有及国有控股	**2129**	**121689**	**1784**	**19832**	**4415373**	**5233444**
内资企业	**14866**	**753310**	**8136**	**60339**	**22524236**	**19324533**
国有企业	163	8168	101	1529	349847	414104
集体企业	24	805	12	63	23351	41411
股份合作企业	24	1044	5	58	23330	35706
联营企业	1	81			2927	1040
其他联营企业	1	81			2927	1040
有限责任公司	3741	200426	2484	22970	7032125	7328539
国有独资公司	367	21490	323	4562	748398	986533
其他有限责任公司	3374	178936	2161	18408	6283727	6342006
股份有限公司	2143	127452	2062	15601	4081493	3353704
私营企业	8769	415254	3472	20117	11008035	8148609
私营独资企业	37	1286	15	68	63138	22964
私营合伙企业	15	500	2	4	12149	5890
私营有限责任公司	7107	326066	2303	13228	8558983	6234055
私营股份有限公司	1610	87402	1152	6817	2373765	1885699
其他企业	1	80		1	3130	1420
港、澳、台商投资企业	**2211**	**117531**	**777**	**5544**	**3130844**	**2818589**
合资经营企业	641	35758	363	2266	1145198	1123386
合作经营企业	19	862		7	26544	20926
港、澳、台商独资经营企业	1365	70368	281	2346	1599615	1262630
港、澳、台商投资股份有限公司	171	9683	128	892	334032	399419
其他港、澳、台投资企业	15	860	5	33	25455	12229
外商投资企业	**1971**	**111284**	**1033**	**8924**	**3652662**	**3117205**
中外合资经营企业	677	41426	447	3789	1468041	1148688
中外合作经营企业	21	945	7	56	19355	34115
外资企业	1156	61155	405	4144	1861040	1725990
外商投资股份有限公司	89	6148	133	730	197573	140727
其他外商投资企业	28	1610	41	205	106653	67685

2-5-4 分行业工业企业办研发机构情况

行业	机构数（个）	机构人员数（人）	#博士	#硕士	机构经费支出（万元）	仪器和设备原价（万元）
合计	**105094**	**3713270**	**45717**	**413862**	**135835614**	**98513503**
采矿业	**724**	**56822**	**1443**	**12225**	**1573769**	**1339587**
煤炭开采和洗选业	211	17688	204	1890	296091	369393
石油和天然气开采业	93	23881	941	8687	798794	514290
黑色金属矿采选业	72	3053	127	398	82429	113419
有色金属矿采选业	106	4009	31	258	101896	113700
非金属矿采选业	209	3470	33	168	97684	104188
开采及其他辅助性活动	33	4721	107	824	196875	124597
制造业	**103543**	**3632656**	**43566**	**397938**	**133375589**	**94901503**
农副食品加工业	2990	49045	1538	4806	1624463	1140363
食品制造业	1887	48860	1047	4700	1327573	1387690
酒、饮料和精制茶制造业	1023	27541	470	2154	768085	829629
烟草制品业	64	4071	259	1307	349670	441569
纺织业	4001	95051	537	2131	2143203	1750556
纺织服装、服饰业	1564	39896	195	850	714403	466643
皮革、毛皮、羽毛及其制品和制鞋业	1307	29849	136	355	498956	254074
木材加工和木、竹、藤、棕、草制品业	798	13808	109	413	366151	278337
家具制造业	1370	38256	91	574	809065	403255
造纸和纸制品业	1315	38250	212	767	1359430	1246278
印刷和记录媒介复制业	1241	30152	189	756	686039	811350
文教、工美、体育和娱乐用品制造业	1979	50794	254	1187	954342	557035
石油加工、炼焦和核燃料加工业	416	17787	259	1895	1266071	1463234
化学原料和化学制品制造业	7170	181068	3939	18109	6938852	5427395
医药制造业	3756	163800	5070	32126	7633424	5717273
化学纤维制造业	633	26116	220	1019	1071174	911878
橡胶和塑料制品业	5725	132463	971	4935	3388346	6306928
非金属矿物制品业	5886	136540	1332	5556	3832658	4276697
黑色金属冶炼和压延加工业	1048	64857	900	4723	5754814	2903119
有色金属冶炼和压延加工业	2025	67662	973	4665	3196838	2324689
金属制品业	6800	161923	1291	6103	4117420	4165277
通用设备制造业	9536	263965	2181	19939	7269987	7022205
专用设备制造业	8209	245101	3027	29148	7654612	4626519
汽车制造业	5021	283607	2238	36232	13712207	8742107
铁路、船舶、航空航天和其他运输设备制造业	1682	109020	1043	19982	3787505	3819996
电气机械和器材制造业	11600	410581	3866	33819	13645684	8383758
计算机、通信和其他电子设备制造业	10850	774525	9852	145118	35092442	16356039
仪器仪表制造业	2664	99703	1120	11847	2533918	1846827
其他制造业	510	16576	155	1700	488094	655023
废弃资源综合利用业	363	6299	77	331	270717	210078
金属制品、机械和设备修理业	110	5490	15	691	119446	175685
电力、热力、燃气及水生产和供应业	**827**	**23792**	**708**	**3699**	**886256**	**2272413**
电力、热力生产和供应业	509	15270	581	2887	615905	1929490
燃气生产和供应业	141	5200	50	314	171267	232215
水的生产和供应业	177	3322	77	498	99084	110708

2-5-5 分行业大型工业企业办研发机构情况

行　业	机构数（个）	机构人员数（人）	#博士	#硕士	机构经费支出（万元）	仪器和设备原价（万元）
合　计	**7466**	**1448546**	**20807**	**271078**	**73172184**	**41288597**
采矿业	**236**	**46269**	**1367**	**11603**	**1311690**	**1000943**
煤炭开采和洗选业	103	14680	196	1846	240897	282293
石油和天然气开采业	82	23233	922	8456	780545	489585
黑色金属矿采选业	12	1985	123	350	51361	49413
有色金属矿采选业	20	1330	22	114	40841	69436
非金属矿采选业	8	739	7	56	17554	18530
开采及其他辅助性活动	11	4302	97	781	180493	91686
制造业	**7151**	**1393805**	**18937**	**257025**	**71562201**	**39523363**
农副食品加工业	103	6024	160	970	178948	157085
食品制造业	189	14183	300	1894	525801	496358
酒、饮料和精制茶制造业	186	12285	134	1100	387784	392058
烟草制品业	30	3184	230	1128	320134	369889
纺织业	195	22024	149	464	491079	381858
纺织服装、服饰业	95	10521	52	249	209709	170290
皮革、毛皮、羽毛及其制品和制鞋业	44	6777	20	39	105233	36132
木材加工和木、竹、藤、棕、草制品业	10	1007	13	24	25090	24405
家具制造业	64	13022	15	198	346491	143724
造纸和纸制品业	79	10866	69	274	565986	485478
印刷和记录媒介复制业	35	4239	11	135	97818	55907
文教、工美、体育和娱乐用品制造业	74	10055	45	199	217089	88038
石油加工、炼焦和核燃料加工业	117	11126	187	1412	897532	1162236
化学原料和化学制品制造业	350	32501	563	4230	1543102	1085670
医药制造业	406	58466	2067	16023	3747969	2856993
化学纤维制造业	92	14106	93	618	623848	481769
橡胶和塑料制品业	181	29163	282	1686	875266	1110682
非金属矿物制品业	225	27189	171	1020	751703	758493
黑色金属冶炼和压延加工业	227	45732	723	3878	4662699	1907185
有色金属冶炼和压延加工业	261	27453	340	2293	1349326	816107
金属制品业	258	34907	242	2397	1003327	1309524
通用设备制造业	421	63082	589	8863	2528963	2501420
专用设备制造业	319	57916	862	14922	2941445	1094988
汽车制造业	474	150288	1448	29537	10073630	4401370
铁路、船舶、航空航天和其他运输设备制造业	295	64185	672	14665	2525600	2569163
电气机械和器材制造业	897	155487	1927	20823	6725909	3232597
计算机、通信和其他电子设备制造业	1347	478717	7299	122556	26898024	10415052
仪器仪表制造业	123	19350	176	3697	618882	459085
其他制造业	26	6250	85	1159	226389	459678
废弃资源综合利用业	3	588	10	89	35475	9025
金属制品、机械和设备修理业	25	3112	3	483	61952	91108
电力、热力、燃气及水生产和供应业	**79**	**8472**	**503**	**2450**	**298293**	**764291**
电力、热力生产和供应业	60	5900	449	2088	216844	685787
燃气生产和供应业	8	2020	28	206	55681	59695
水的生产和供应业	11	552	26	156	25768	18808

2-5-6 分行业中型工业企业办研发机构情况

行业	机构数（个）	机构人员数（人）	#博士	#硕士	机构经费支出（万元）	仪器和设备原价（万元）
合 计	**19048**	**982125**	**9946**	**74807**	**29307742**	**25260327**
采矿业	**193**	**6812**	**47**	**400**	**142990**	**220508**
煤炭开采和洗选业	78	2620	5	30	47758	82746
石油和天然气开采业	4	363	17	165	5937	18100
黑色金属矿采选业	30	828	3	41	23837	59647
有色金属矿采选业	45	2014	4	88	38185	28712
非金属矿采选业	25	751	9	42	15182	16907
开采及其他辅助性活动	11	236	9	34	12091	14396
制造业	**18723**	**970422**	**9795**	**73905**	**28949365**	**24562243**
农副食品加工业	421	12793	339	1138	414489	274437
食品制造业	390	15210	247	1157	362999	458780
酒、饮料和精制茶制造业	211	6814	123	451	176821	210547
烟草制品业	18	525	20	114	21524	55864
纺织业	739	33636	203	837	743696	618616
纺织服装、服饰业	384	15647	52	324	253957	119884
皮革、毛皮、羽毛及其制品和制鞋业	240	10019	55	131	153373	88289
木材加工和木、竹、藤、棕、草制品业	89	3586	33	138	102290	110323
家具制造业	281	12465	17	126	215752	137466
造纸和纸制品业	231	11913	56	254	387396	345799
印刷和记录媒介复制业	214	10771	93	285	246531	273205
文教、工美、体育和娱乐用品制造业	430	19858	96	431	309776	210898
石油加工、炼焦和核燃料加工业	69	2715	23	211	205930	127547
化学原料和化学制品制造业	1242	58746	1157	6329	2446155	1792162
医药制造业	1040	58279	1613	10633	2430749	1731125
化学纤维制造业	106	5617	76	173	266816	258249
橡胶和塑料制品业	804	36023	221	1405	898077	784075
非金属矿物制品业	959	44001	348	1820	1221688	1502142
黑色金属冶炼和压延加工业	160	8852	78	352	710370	542398
有色金属冶炼和压延加工业	333	17671	276	1233	848964	858518
金属制品业	1039	48110	464	1796	1295151	1280427
通用设备制造业	1378	72439	554	5095	1935504	2020876
专用设备制造业	1270	72422	805	7382	1971363	1518415
汽车制造业	1182	68352	398	4163	2073854	1977355
铁路、船舶、航空航天和其他运输设备制造业	353	23158	155	3415	757887	706873
电气机械和器材制造业	2157	113428	766	7466	3341601	2566883
计算机、通信和其他电子设备制造业	2351	146456	1054	12282	4169241	3182516
仪器仪表制造业	509	34865	434	4356	821572	640537
其他制造业	72	3516	29	248	83535	62321
废弃资源综合利用业	24	1285	5	30	52577	52407
金属制品、机械和设备修理业	27	1250	5	130	29729	53312
电力、热力、燃气及水生产和供应业	**132**	**4891**	**104**	**502**	**215387**	**477575**
电力、热力生产和供应业	95	3146	91	290	156566	417660
燃气生产和供应业	15	950		46	34378	38654
水的生产和供应业	22	795	13	166	24442	21262

2-5-7　分行业国有及国有控股工业企业办研发机构情况

行　　业	机构数（个）	机构人员数（人）	#博士	#硕士	机构经费支出（万元）	仪器和设备原价（万元）
合　计	**6604**	**614042**	**9860**	**144561**	**29575193**	**25784923**
采矿业	**357**	**46758**	**1325**	**10511**	**1354006**	**1045293**
煤炭开采和洗选业	142	14475	200	1865	242644	300909
石油和天然气开采业	85	21862	867	7156	769713	487712
黑色金属矿采选业	22	1946	123	379	54288	55621
有色金属矿采选业	66	3043	25	217	77967	82807
非金属矿采选业	30	1056	11	94	24770	25038
开采及其他辅助性活动	12	4376	99	800	184624	93207
制造业	**5866**	**551471**	**7916**	**130876**	**27586844**	**22961686**
农副食品加工业	86	1817	47	160	62996	49885
食品制造业	79	4034	86	679	136652	82716
酒、饮料和精制茶制造业	172	7825	133	837	259640	215515
烟草制品业	52	3719	253	1287	337858	415717
纺织业	55	3204	35	130	92836	93831
纺织服装、服饰业	27	1572	27	44	25873	33117
皮革、毛皮、羽毛及其制品和制鞋业	6	381	23	35	9778	12401
木材加工和木、竹、藤、棕、草制品业	13	436	5	32	17585	6937
家具制造业	3	725	1	46	63735	11517
造纸和纸制品业	41	3172	41	171	89126	57391
印刷和记录媒介复制业	44	1748	21	119	39394	54306
文教、工美、体育和娱乐用品制造业	16	1015		31	16940	12190
石油加工、炼焦和核燃料加工业	99	7484	157	1265	362172	422087
化学原料和化学制品制造业	570	26646	430	3480	1199820	927094
医药制造业	344	19344	501	4062	879984	638430
化学纤维制造业	31	2678	66	508	171995	174004
橡胶和塑料制品业	134	5081	62	682	166960	3263794
非金属矿物制品业	461	16877	175	1368	627553	1093374
黑色金属冶炼和压延加工业	120	18744	565	3266	2059300	942846
有色金属冶炼和压延加工业	265	18662	366	2624	858137	622498
金属制品业	269	17800	350	2701	501773	967320
通用设备制造业	460	39228	418	8410	1606407	1670068
专用设备制造业	452	31487	449	8177	1170389	922558
汽车制造业	401	89819	1008	22715	7112358	3126465
铁路、船舶、航空航天和其他运输设备制造业	414	66882	789	17276	2597065	2947884
电气机械和器材制造业	419	29155	392	6507	1364329	1281271
计算机、通信和其他电子设备制造业	564	110865	1263	39488	5029206	1865071
仪器仪表制造业	160	11273	176	2878	358579	450399
其他制造业	54	6526	72	1391	275219	469036
废弃资源综合利用业	18	356		25	24914	31616
金属制品、机械和设备修理业	37	2916	5	482	68271	100352
电力、热力、燃气及水生产和供应业	**381**	**15813**	**619**	**3174**	**634342**	**1777944**
电力、热力生产和供应业	267	11366	559	2687	480756	1641096
燃气生产和供应业	31	2600	26	190	89175	77108
水的生产和供应业	83	1847	34	297	64412	59741

2-5-8　分行业内资工业企业办研发机构情况

行　业	机构数（个）	机构人员数（人）	#博士	#硕士	机构经费支出（万元）	仪器和设备原价（万元）
合　计	**91708**	**2941976**	**39941**	**348790**	**108024780**	**73521672**
采矿业	**677**	**53546**	**1359**	**10592**	**1516034**	**1284701**
煤炭开采和洗选业	204	16937	199	1818	288670	367713
石油和天然气开采业	86	21889	867	7151	769538	487272
黑色金属矿采选业	63	2983	127	398	77797	109674
有色金属矿采选业	103	3885	31	254	98830	111144
非金属矿采选业	196	3220	31	161	91245	98002
开采及其他辅助性活动	25	4632	104	810	189954	110896
制造业	**90353**	**2868704**	**37911**	**334793**	**105769522**	**70556065**
农副食品加工业	2793	44092	1408	4206	1433761	1011329
食品制造业	1554	34755	844	3509	919629	710169
酒、饮料和精制茶制造业	923	23054	452	1994	678945	564472
烟草制品业	63	4040	257	1296	348951	438386
纺织业	3499	73459	439	1594	1665379	1359616
纺织服装、服饰业	1287	27921	158	604	538706	285867
皮革、毛皮、羽毛及其制品和制鞋业	1114	21853	106	289	386113	194247
木材加工和木、竹、藤、棕、草制品业	747	12377	95	355	329156	250444
家具制造业	1180	29088	80	450	590468	266954
造纸和纸制品业	1109	27493	181	539	826865	653794
印刷和记录媒介复制业	1093	23418	143	555	536866	588179
文教、工美、体育和娱乐用品制造业	1623	35361	210	943	720116	411356
石油加工、炼焦和核燃料加工业	374	16420	235	1786	1176913	1409300
化学原料和化学制品制造业	6350	154889	3394	15126	5857799	4338713
医药制造业	3314	132410	3958	24135	5663853	3845202
化学纤维制造业	547	20904	175	910	840277	691775
橡胶和塑料制品业	4896	98363	802	3838	2570209	5375512
非金属矿物制品业	5520	118559	1217	5056	3389213	3564133
黑色金属冶炼和压延加工业	941	58965	859	4419	5359902	2533961
有色金属冶炼和压延加工业	1842	61088	915	4287	2841105	1998055
金属制品业	6024	132803	1162	5461	3435514	3397271
通用设备制造业	8439	215091	1828	15609	5604965	5609425
专用设备制造业	7324	207667	2635	24859	6418464	3730433
汽车制造业	4095	194476	1681	20854	7640777	5145548
铁路、船舶、航空航天和其他运输设备制造业	1506	96333	1001	18680	3367874	3581657
电气机械和器材制造业	10174	333631	3407	28981	11203344	6986066
计算机、通信和其他电子设备制造业	8818	563065	9077	131944	28619367	9265935
仪器仪表制造业	2348	82615	957	9951	2017145	1452077
其他制造业	434	14267	148	1666	447159	586839
废弃资源综合利用业	334	5695	73	287	248611	170679
金属制品、机械和设备修理业	88	4552	14	610	92076	138671
电力、热力、燃气及水生产和供应业	**678**	**19726**	**671**	**3405**	**739224**	**1680906**
电力、热力生产和供应业	435	13317	575	2771	531646	1473315
燃气生产和供应业	83	3435	32	197	116688	107860
水的生产和供应业	160	2974	64	437	90891	99731

2-5-9　分行业港澳台商投资工业企业办研发机构情况

行　业	机构数（个）	机构人员数（人）	#博士	#硕士	机构经费支出（万元）	仪器和设备原价（万元）
合　计	**6919**	**403716**	**2605**	**26461**	**12197413**	**11058314**
采矿业	**24**	**2165**	**74**	**1526**	**35805**	**44200**
石油和天然气开采业	5	1936	72	1514	23747	26527
黑色金属矿采选业	8	58			4363	3488
有色金属矿采选业	3	124		4	3066	2556
非金属矿采选业	2	16			345	327
开采及其他辅助性活动	6	31	2	8	4284	11303
制造业	**6810**	**399529**	**2502**	**24742**	**12096049**	**10677469**
农副食品加工业	93	1761	53	170	81248	47763
食品制造业	137	4637	79	465	173294	223949
酒、饮料和精制茶制造业	44	1906	8	61	41161	65726
烟草制品业	1	31	2	11	719	3182
纺织业	328	14389	56	297	324665	251658
纺织服装、服饰业	181	9006	16	159	122252	111703
皮革、毛皮、羽毛及其制品和制鞋业	116	5185	13	37	75030	41501
木材加工和木、竹、藤、棕、草制品业	33	978	10	49	23950	17135
家具制造业	118	6409	2	74	155257	110041
造纸和纸制品业	138	8060	12	104	366543	510960
印刷和记录媒介复制业	106	4826	42	140	94698	173997
文教、工美、体育和娱乐用品制造业	232	11725	41	184	163638	112991
石油加工、炼焦和核燃料加工业	30	1010	18	58	73289	44620
化学原料和化学制品制造业	395	12028	203	993	467213	394304
医药制造业	241	19230	624	4950	1168759	1463460
化学纤维制造业	52	3608	32	60	144349	181992
橡胶和塑料制品业	505	20981	65	357	479403	480586
非金属矿物制品业	194	10289	49	230	250435	291764
黑色金属冶炼和压延加工业	56	2754	16	113	139674	166733
有色金属冶炼和压延加工业	101	3942	27	189	221984	247965
金属制品业	453	17915	59	320	385487	424128
通用设备制造业	442	16575	94	1217	466540	478533
专用设备制造业	417	17620	112	1356	486068	415229
汽车制造业	237	21164	182	2711	863286	559374
铁路、船舶、航空航天和其他运输设备制造业	74	5987	19	567	157869	79353
电气机械和器材制造业	790	45814	260	2284	1432363	750920
计算机、通信和其他电子设备制造业	1066	120617	337	6780	3416155	2689955
仪器仪表制造业	151	8655	67	728	269110	253696
其他制造业	47	1339	1	10	19982	35686
废弃资源综合利用业	19	489	3	31	16503	35686
金属制品、机械和设备修理业	13	599		37	15124	12880
电力、热力、燃气及水生产和供应业	**85**	**2022**	**29**	**193**	**65559**	**336645**
电力、热力生产和供应业	51	1202	6	97	48054	318876
燃气生产和供应业	26	676	18	88	14362	15575
水的生产和供应业	8	144	5	8	3144	2194

2-5-10　分行业外商投资工业企业办研发机构情况

行　业	机构数 (个)	机　构 人员数 (人)	#博士	#硕士	机构经费 支　出 (万元)	仪器和 设备原价 (万元)
合　计	**6467**	**367578**	**3171**	**38611**	**15613421**	**13933517**
采矿业	**23**	**1111**	**10**	**107**	**21930**	**10686**
煤炭开采和洗选业	7	751	5	72	7421	1680
石油和天然气开采业	2	56	2	22	5508	491
黑色金属矿采选业	1	12			270	258
非金属矿采选业	11	234	2	7	6094	5860
开采及其他辅助性活动	2	58	1	6	2637	2398
制造业	**6380**	**364423**	**3153**	**38403**	**15510019**	**13667968**
农副食品加工业	104	3192	77	430	109454	81272
食品制造业	196	9468	124	726	234651	453572
酒、饮料和精制茶制造业	56	2581	10	99	47979	199431
纺织业	174	7203	42	240	153159	139281
纺织服装、服饰业	96	2969	21	87	53445	69072
皮革、毛皮、羽毛及其制品和制鞋业	77	2811	17	29	37813	18326
木材加工和木、竹、藤、棕、草制品业	18	453	4	9	13044	10758
家具制造业	72	2759	9	50	63341	26260
造纸和纸制品业	68	2697	19	124	166023	81524
印刷和记录媒介复制业	42	1908	4	61	54475	49174
文教、工美、体育和娱乐用品制造业	124	3708	3	60	70589	32688
石油加工、炼焦和核燃料加工业	12	357	6	51	15869	9313
化学原料和化学制品制造业	425	14151	342	1990	613840	694379
医药制造业	201	12160	488	3041	800812	408611
化学纤维制造业	34	1604	13	49	86548	38110
橡胶和塑料制品业	324	13119	104	740	338734	450830
非金属矿物制品业	172	7692	66	270	193011	420800
黑色金属冶炼和压延加工业	51	3138	25	191	255238	202425
有色金属冶炼和压延加工业	82	2632	31	189	133750	78668
金属制品业	323	11205	70	322	296418	343879
通用设备制造业	655	32299	259	3113	1198482	934248
专用设备制造业	468	19814	280	2933	750079	480856
汽车制造业	689	67967	375	12667	5208145	3037186
铁路、船舶、航空航天和其他运输设备制造业	102	6700	23	735	261762	158986
电气机械和器材制造业	636	31136	199	2554	1009977	646772
计算机、通信和其他电子设备制造业	966	90843	438	6394	3056919	4400149
仪器仪表制造业	165	8433	96	1168	247664	141053
其他制造业	29	970	6	24	20953	32498
废弃资源综合利用业	10	115	1	13	5602	3714
金属制品、机械和设备修理业	9	339	1	44	12246	24134
电力、热力、燃气及水生产和供应业	**64**	**2044**	**8**	**101**	**81473**	**254862**
电力、热力生产和供应业	23	751		19	36205	137299
燃气生产和供应业	32	1089		29	40218	108780
水的生产和供应业	9	204	8	53	5050	8783

2-5-11　各地区工业企业办研发机构情况

地　区	机构数（个）	机构人员数（人）	#博士	#硕士	机构经费支出（万元）	仪器和设备原价（万元）
全　国	**105094**	**3713270**	**45717**	**413862**	**135835614**	**98513503**
东部地区	77576	2737297	30709	298345	102901736	64023278
中部地区	19474	611562	9236	65381	20372140	17741463
西部地区	7022	297093	4722	38622	9928715	13776943
东北地区	1022	67318	1050	11514	2633023	2971819
北　京	538	46521	1610	13901	2591586	1657068
天　津	601	38771	721	6678	1209042	1209614
河　北	2555	102583	868	9275	4105470	3303427
山　西	1092	52974	547	4676	1384510	1619111
内蒙古	166	13193	148	1796	418816	414444
辽　宁	624	36372	410	5980	1178138	1518875
吉　林	190	14291	311	2825	827214	708876
黑龙江	208	16655	329	2709	627671	744068
上　海	805	75037	2048	21394	5417569	3134769
江　苏	19147	540575	6033	45611	19785674	17416455
浙　江	17924	544227	3298	32335	15772209	10727034
安　徽	6767	162374	2432	14565	5384330	5423789
福　建	2143	104408	1005	8023	3301665	2331780
江　西	4380	108641	837	5749	3730822	2531586
山　东	5536	192868	3742	25566	7870798	6002676
河　南	2234	99399	1666	11144	2883063	2878730
湖　北	3048	114020	2106	15965	3949031	3255150
湖　南	1953	74154	1648	13282	3040385	2033098
广　东	28262	1089851	11361	135330	42740238	18180739
广　西	453	19757	248	1825	774170	504205
海　南	65	2456	23	232	107486	59717
重　庆	2083	72414	776	7182	2690484	6081707
四　川	1811	82629	1633	11856	2618931	2353945
贵　州	679	21637	242	1991	649922	798085
云　南	488	16799	288	1603	590697	681509
西　藏	4	315	1	23	1311	27268
陕　西	700	41174	629	8226	1369528	1868580
甘　肃	205	10097	199	1253	165260	287303
青　海	64	2319	37	242	69019	79927
宁　夏	234	8490	266	602	248710	358785
新　疆	135	8269	255	2023	331869	321184

2-5-12 各地区大型工业企业办研发机构情况

地 区	机构数（个）	机构人员数（人）	#博士	#硕士	机构经费支出（万元）	仪器和设备原价（万元）
全 国	**7466**	**1448546**	**20807**	**271078**	**73172184**	**41288597**
东部地区	4789	1023741	15168	203262	55983921	25970238
中部地区	1550	249407	2931	36283	9723456	7599627
西部地区	941	138289	2101	23919	5586730	5791284
东北地区	186	37109	607	7614	1878077	1927447
北 京	69	20195	747	7360	1453112	975381
天 津	67	18126	387	3683	616022	558138
河 北	242	51303	353	5809	2674762	1012503
山 西	139	27594	228	2879	732453	758165
内蒙古	73	10375	117	1583	279494	264360
辽 宁	92	16328	162	3165	700292	868527
吉 林	43	9338	186	2277	691994	593751
黑龙江	51	11443	259	2172	485791	465170
上 海	106	41577	1369	16368	4097074	2024864
江 苏	906	151752	1334	20005	7999168	6779792
浙 江	609	132969	996	17603	5472670	2731778
安 徽	403	50736	433	6386	2122671	1861150
福 建	253	51035	496	5395	1814406	1259839
江 西	243	33484	216	2589	1301719	929761
山 东	659	88755	1677	16286	4794739	3157662
河 南	363	51617	577	6415	1629749	1358893
湖 北	261	50336	925	9978	2181801	1593332
湖 南	141	35640	552	8036	1755063	1098327
广 东	1867	467437	7808	110716	27046663	7453234
广 西	51	9727	161	1367	512505	236353
海 南	11	592	1	37	15304	17049
重 庆	146	25126	336	4200	1306719	1743107
四 川	266	35153	608	6061	1400456	1171854
贵 州	66	9319	87	1056	340135	390741
云 南	47	6358	121	757	238203	277888
西 藏	2	289		23	986	26670
陕 西	150	25566	321	5676	1000393	1160831
甘 肃	38	6375	102	956	112730	198746
青 海	36	1438	30	209	51383	48415
宁 夏	18	2027	27	219	54908	71225
新 疆	48	6536	191	1812	288817	201094

2-5-13 各地区中型工业企业办研发机构情况

地　区	机构数（个）	机构人员数（人）	#博士	#硕士	机构经费支出（万元）	仪器和设备原价（万元）
全　国	**19048**	**982125**	**9946**	**74807**	**29307742**	**25260327**
东部地区	13858	740736	6570	51163	22013638	17584574
中部地区	3370	146967	2207	13589	4509634	4582927
西部地区	1585	79709	1000	8251	2368274	2519559
东北地区	235	14713	169	1804	416196	573267
北　京	166	15184	494	4031	699057	442339
天　津	175	12108	213	2141	383104	457670
河　北	484	23871	181	2019	753504	931533
山　西	273	12961	90	1018	364909	492406
内蒙古	39	1867	19	150	92543	62117
辽　宁	146	9332	87	1135	252900	313933
吉　林	45	2412	47	349	78235	58618
黑龙江	44	2969	35	320	85061	200716
上　海	218	18689	445	3408	822276	638798
江　苏	3044	150994	1626	12165	5063840	4717035
浙　江	2843	170146	1047	8002	4884706	3683406
安　徽	1019	40904	575	3365	1221893	1500520
福　建	542	28761	302	1673	809479	656499
江　西	646	25578	224	1247	832654	538310
山　东	1291	50277	943	5373	1592376	1545469
河　南	530	22365	525	2484	672594	791650
湖　北	522	27318	388	2874	801807	788514
湖　南	380	17841	405	2601	615776	471526
广　东	5071	269405	1299	12188	6937203	4486727
广　西	110	4737	31	254	112499	113336
海　南	24	1301	20	163	68093	25099
重　庆	517	23799	177	1763	761793	759697
四　川	434	24200	412	3120	683953	654403
贵　州	121	5426	40	617	162316	194896
云　南	100	4363	36	273	175980	161452
陕　西	134	8520	104	1556	197911	311464
甘　肃	38	1794	40	140	23875	44068
青　海	9	609	3	22	12393	10885
宁　夏	54	3572	112	203	118767	152176
新　疆	29	822	26	153	26247	55065

2-5-14 各地区国有及国有控股工业企业办研发机构情况

地区	机构数（个）	机构人员数（人）	#博士	#硕士	机构经费支出（万元）	仪器和设备原价（万元）
全 国	**6604**	**614042**	**9860**	**144561**	**29575193**	**25784923**
东部地区	3120	285622	5006	81001	16854107	9843073
中部地区	1822	158299	2267	29806	5964913	6286355
西部地区	1443	137270	1941	25475	5139834	7854169
东北地区	219	32851	646	8279	1616339	1801326
北 京	181	21927	891	7601	1468287	819496
天 津	134	11989	217	2907	400695	381536
河 北	247	17367	218	3773	864843	576868
山 西	279	22413	232	3520	626544	810843
内蒙古	60	7218	36	1156	172677	194902
辽 宁	112	16021	206	3741	623867	773467
吉 林	47	7581	189	2366	627247	528354
黑龙江	60	9249	251	2172	365225	499505
上 海	171	38170	1029	15108	3856886	2007624
江 苏	715	40474	545	8493	2179817	1888697
浙 江	261	21025	206	6635	1091891	513557
安 徽	480	31165	365	4787	1351535	1375276
福 建	111	14083	132	2304	552359	339052
江 西	251	14504	132	1758	610380	688410
山 东	608	44881	945	11176	2190354	1345036
河 南	333	28929	309	5667	1020210	1249121
湖 北	278	41645	751	9089	1600523	1277755
湖 南	201	19643	478	4985	755720	884949
广 东	671	75319	821	22938	4237560	1950736
广 西	95	8499	104	1114	352711	209662
海 南	21	387	2	66	11416	20471
重 庆	286	22907	277	4509	1217327	3859030
四 川	313	32240	536	6105	1137608	939912
贵 州	150	11674	109	1542	398084	584253
云 南	108	7237	145	877	314255	343938
西 藏	2	289		23	986	26670
陕 西	257	31050	404	6954	1112629	1240986
甘 肃	66	6675	88	1002	90898	133116
青 海	36	1591	27	218	42810	33194
宁 夏	23	1825	41	249	48374	79150
新 疆	47	6065	174	1726	251475	209355

2-5-15 各地区内资工业企业办研发机构情况

地　区	机构数（个）	机构人员数（人）	#博士	#硕士	机构经费支出（万元）	仪器和设备原价（万元）
全　国	**91708**	**2941976**	**39941**	**348790**	**108024780**	**73521672**
东部地区	65585	2061600	25733	242347	78484363	43086088
中部地区	18555	547644	8673	59968	18306041	16131068
西部地区	6641	272500	4538	35981	8936306	11754560
东北地区	927	60232	997	10494	2298070	2549956
北　京	452	37228	1306	11307	1999125	1220313
天　津	501	28875	598	5137	842758	812912
河　北	2385	91271	800	7932	3541541	2208442
山　西	1056	46921	537	4450	1274320	1568359
内蒙古	158	12687	144	1753	397496	391300
辽　宁	549	30444	365	5071	886299	1193092
吉　林	180	13487	304	2754	794841	654130
黑龙江	198	16301	328	2669	616930	702734
上　海	551	45521	1350	12266	2858464	1761773
江　苏	16002	389707	4801	31827	14113692	10348173
浙　江	15849	445177	2574	24048	12314374	8368011
安　徽	6482	149793	2308	13478	4893609	4946095
福　建	1691	68508	741	5741	2169583	1388068
江　西	4134	97364	758	5168	3276882	2176527
山　东	5082	168407	3315	21529	6956731	5236647
河　南	2128	88541	1551	10339	2614305	2678220
湖　北	2893	102246	1953	14341	3440828	2919399
湖　南	1862	62779	1566	12192	2806098	1842467
广　东	23021	784821	10228	122349	33596877	11694143
广　西	393	12754	170	1183	471153	323567
海　南	51	2085	20	211	91217	47606
重　庆	1967	63851	761	6325	2281316	4955178
四　川	1723	78582	1583	11340	2496067	2163690
贵　州	662	21236	240	1950	636959	788115
云　南	461	15444	274	1310	542873	560345
西　藏	4	315	1	23	1311	27268
陕　西	667	39283	624	8029	1314645	1570042
甘　肃	204	10077	197	1251	164992	287182
青　海	54	2111	34	239	62554	70930
宁　夏	222	8254	259	566	238579	337669
新　疆	126	7906	251	2012	328362	279276

2-5-16 各地区港澳台商投资工业企业办研发机构情况

地 区	机构数（个）	机构人员数（人）	#博士	#硕士	机构经费支出（万元）	仪器和设备原价（万元）
全 国	**6919**	**403716**	**2605**	**26461**	**12197413**	**11058314**
东部地区	6301	362190	2268	23428	10957309	10165215
中部地区	434	32056	252	2189	940376	552412
西部地区	147	6685	64	678	219822	262656
东北地区	37	2785	21	166	79906	78032
北 京	33	2502	113	789	112219	58987
天 津	30	3363	78	897	70211	276868
河 北	73	4263	23	466	265834	199510
山 西	9	525	4	73	9803	9067
内蒙古	6	485	4	40	21109	18055
辽 宁	30	2410	18	144	70241	64701
吉 林	4	189	3	1	4243	2730
黑龙江	3	186		21	5422	10600
上 海	84	6830	147	1207	342923	241922
江 苏	1202	64933	677	6037	2391360	3370744
浙 江	978	49902	326	4472	1723493	1272754
安 徽	120	4532	34	238	166806	111621
福 建	275	22297	179	1480	754386	611337
江 西	133	5621	28	205	240579	134596
山 东	175	8671	102	1148	460700	175746
河 南	52	8028	39	441	166054	107684
湖 北	65	4082	98	641	216675	120058
湖 南	55	9268	49	591	140459	69386
广 东	3440	199249	623	6925	4832833	3948605
广 西	30	1150	9	24	30131	30559
海 南	11	180		7	3351	8742
重 庆	41	2055	8	121	67089	59521
四 川	34	1329	26	185	45580	57339
贵 州	11	233		6	6772	6075
云 南	15	987	12	279	32586	31289
陕 西	5	382		16	13847	57749
甘 肃	1	20	2	2	268	121
青 海	1	19			225	309
宁 夏	3	25	3	5	2215	1637

2-5-17 各地区外商投资工业企业办研发机构情况

地　区	机构数（个）	机构人员数（人）	#博士	#硕士	机构经费支出（万元）	仪器和设备原价（万元）
全　国	**6467**	**367578**	**3171**	**38611**	**15613421**	**13933517**
东部地区	5690	313507	2708	32570	13460065	10771974
中部地区	485	31862	311	3224	1125723	1057983
西部地区	234	17908	120	1963	772587	1759727
东北地区	58	4301	32	854	255047	343832
北　京	53	6791	191	1805	480241	377769
天　津	70	6533	45	644	296073	119834
河　北	97	7049	45	877	298095	895476
山　西	27	5528	6	153	100388	41685
内蒙古	2	21		3	211	5090
辽　宁	45	3518	27	765	221597	261082
吉　林	6	615	4	70	28131	52016
黑龙江	7	168	1	19	5319	30734
上　海	170	22686	551	7921	2216182	1131074
江　苏	1943	85935	555	7747	3280622	3697538
浙　江	1097	49148	398	3815	1734342	1086269
安　徽	165	8049	90	849	323914	366073
福　建	177	13603	85	802	377696	332374
江　西	113	5656	51	376	213361	220462
山　东	279	15790	325	2889	453367	590282
河　南	54	2830	76	364	102703	92826
湖　北	90	7692	55	983	291528	215693
湖　南	36	2107	33	499	93828	121245
广　东	1801	105781	510	6056	4310528	2537991
广　西	30	5853	69	618	272886	150079
海　南	3	191	3	14	12918	3368
重　庆	75	6508	7	736	342080	1067008
四　川	54	2718	24	331	77283	132917
贵　州	6	168	2	35	6191	3895
云　南	12	368	2	14	15237	89875
西　藏						
陕　西	28	1509	5	181	41036	240789
青　海	9	189	3	3	6240	8688
宁　夏	9	211	4	31	7916	19479
新　疆	9	363	4	11	3507	41908

第二部分

工业企业研发活动情况

6 工业企业新产品开发及销售情况

(2020)

2-6-1 分登记注册类型工业企业新产品开发及销售情况

单位：万元

登记注册类型	新产品开发项目数(项)	新产品开发经费支出	新产品销售收入	
				#出口
合　计	**788125**	**186237781**	**2380736642**	**438532723**
国有及国有控股	**89771**	**39388275**	**515049708**	**37752355**
内资企业	**676688**	**148203396**	**1766019670**	**232404310**
国有企业	6414	1849459	23569919	1236503
集体企业	429	67688	511277	24943
股份合作企业	1048	102477	1014618	63174
联营企业	82	29043	188866	373
国有联营企业	39	5303	23455	
集体联营企业	4	60	3408	
国有与集体联营企业	5	1451	1543	
其他联营企业	34	22229	160460	373
有限责任公司	149703	51533953	588102416	79224431
国有独资公司	16393	6205724	72917546	5740406
其他有限责任公司	133310	45328229	515184870	73484025
股份有限公司	66290	25244505	329565068	43629757
私营企业	452380	69213292	821100091	107587042
私营独资企业	3264	480182	3811462	322898
私营合伙企业	655	79188	639003	84042
私营有限责任公司	392146	58200452	681527236	83513974
私营股份有限公司	56315	10453469	135122390	23666128
其他企业	342	162979	1967415	638088
港、澳、台商投资企业	**52612**	**15576264**	**271243951**	**115171209**
合资经营企业	18335	5513307	96135374	34125999
合作经营企业	435	131664	1391519	316296
港、澳、台商独资经营企业	29174	8468815	154632737	73531622
港、澳、台商投资股份有限公司	4233	1363539	17999086	6802419
其他港、澳、台投资企业	435	98939	1085235	394874
外商投资企业	**58825**	**22458122**	**343473022**	**90957204**
中外合资经营企业	24465	11410643	184615561	27516003
中外合作经营企业	505	151226	1962440	331653
外资企业	30230	9455825	139858460	59391784
外商投资股份有限公司	3054	1250763	15104782	3461814
其他外商投资企业	571	189666	1931779	255951

2-6-2 分登记注册类型大型工业企业新产品开发及销售情况

单位：万元

登记注册类型	新产品开发项目数(项)	新产品开发经费支出	新产品销售收入	#出口
合　计	**109358**	**86978737**	**1284614231**	**301046898**
国有及国有控股	**41909**	**28894279**	**400901850**	**31053503**
内资企业	**85439**	**65030345**	**861665789**	**137486915**
国有企业	3131	1139777	17298799	774252
股份合作企业	3	1444		
联营企业	7	14644	44239	373
其他联营企业	7	14644	44239	373
有限责任公司	33918	30937984	350800784	61435225
国有独资公司	7910	4329689	54803285	5123335
其他有限责任公司	26008	26608295	295997499	56311890
股份有限公司	27002	17713898	244759998	31605236
私营企业	21133	15071631	246882561	43060865
私营独资企业	95	56115	388408	56289
私营有限责任公司	14357	11240121	191045732	30268499
私营股份有限公司	6681	3775395	55448422	12736076
其他企业	245	150966	1879408	610965
港、澳、台商投资企业	**11554**	**8494659**	**188814352**	**95602442**
合资经营企业	3937	2777824	63333470	28837889
合作经营企业	39	45189	624979	4869
港、澳、台商独资经营企业	5998	4829729	114130615	61494192
港、澳、台商投资股份有限公司	1557	831080	10451205	5167811
其他港、澳、台投资企业	23	10837	274084	97681
外商投资企业	**12365**	**13453733**	**234134090**	**67957541**
中外合资经营企业	5327	7699053	134853235	19432710
中外合作经营企业	139	88213	1345436	212519
外资企业	5582	4852780	87281149	45574021
外商投资股份有限公司	1224	756840	9947467	2643554
其他外商投资企业	93	56847	706803	94737

2-6-3 分登记注册类型中型工业企业新产品开发及销售情况

单位：万元

登记注册类型	新产品开发项目数（项）	新产品开发经费支出	新产品销售收入	#出口
合 计	**171443**	**42460714**	**546962019**	**80995006**
国有及国有控股	**24475**	**6475761**	**74185112**	**5212357**
内资企业	**134335**	**32832738**	**420368904**	**52465428**
国有企业	1602	406742	3567867	405663
集体企业	154	32702	250956	15320
股份合作企业	196	29648	367861	23242
联营企业	20	6220	3420	
国有联营企业	14	2245	1606	
国有与集体联营企业	1	371	125	
其他联营企业	5	3604	1690	
有限责任公司	39048	10681583	136482228	11241773
国有独资公司	4446	1134169	10834212	280377
其他有限责任公司	34602	9547415	125648015	10961397
股份有限公司	20735	5123775	62753876	9742542
私营企业	72562	16548082	216910018	31017839
私营独资企业	243	90061	729634	58254
私营合伙企业	53	16337	270996	61125
私营有限责任公司	56345	13266070	172958360	24058779
私营股份有限公司	15921	3175614	42951029	6839682
其他企业	18	3985	32677	19049
港、澳、台商投资企业	**17884**	**4236673**	**55119474**	**13743559**
合资经营企业	6106	1621606	21518099	3569611
合作经营企业	109	44957	345951	226438
港、澳、台商独资经营企业	9872	2132030	26750082	8551742
港、澳、台商投资股份有限公司	1654	377456	5898471	1190071
其他港、澳、台投资企业	143	60623	606871	205696
外商投资企业	**19224**	**5391303**	**71473641**	**14786019**
中外合资经营企业	7918	2253616	33045081	5385602
中外合作经营企业	155	34537	270597	59277
外资企业	10018	2672008	33203402	8709890
外商投资股份有限公司	964	341317	4040634	562210
其他外商投资企业	169	89826	913928	69040

2-6-4 分行业工业企业新产品开发及销售情况

单位：万元

行业	新产品开发项目数(项)	新产品开发经费支出	新产品销售收入	#出口
合 计	**788125**	**186237781**	**2380736642**	**438532723**
采矿业	**5517**	**1515877**	**15668055**	**109632**
煤炭开采和洗选业	1489	489995	6378274	27320
石油和天然气开采业	814	336976	1712881	33977
黑色金属矿采选业	392	105694	2000257	
有色金属矿采选业	489	91722	2040997	9746
非金属矿采选业	738	132554	1572910	38590
开采及其他辅助性活动	1594	358908	1962737	
其他采矿业	1	28		
制造业	**775219**	**183454509**	**2353288054**	**438394304**
农副食品加工业	16658	3236130	35939680	2040135
食品制造业	12912	2093600	22678230	2247179
酒、饮料和精制茶制造业	5083	1129172	13175720	420602
烟草制品业	1322	253371	3559673	39954
纺织业	20408	3291724	41351825	8352700
纺织服装、服饰业	7587	1209200	16703804	4204637
皮革、毛皮、羽毛及其制品和制鞋业	6439	975345	10696583	2454476
木材加工和木、竹、藤、棕、草制品业	4140	656392	7262663	1232593
家具制造业	8638	1148828	13888926	4147279
造纸和纸制品业	8754	2001440	31765713	1738084
印刷和记录媒介复制业	7343	1041112	13783441	1456811
文教、工美、体育和娱乐用品制造业	11647	1519333	17784897	6485411
石油加工、炼焦和核燃料加工业	3157	1392013	35757886	1915049
化学原料和化学制品制造业	48654	9025863	130166484	12515225
医药制造业	42145	8831876	76981144	8891752
化学纤维制造业	4526	1354622	22363087	1432309
橡胶和塑料制品业	36796	5274133	61527874	11733875
非金属矿物制品业	34352	6387650	73545449	5480167
黑色金属冶炼和压延加工业	13416	10361357	129353247	4866269
有色金属冶炼和压延加工业	13843	4645887	85769560	3772429
金属制品业	43745	6422869	74596500	10640178
通用设备制造业	76094	11504205	133000864	17188563
专用设备制造业	70750	11487133	115478489	14533410
汽车制造业	49872	17423584	291620243	15092533
铁路、船舶、航空航天和其他运输设备制造业	18953	6378082	70562097	13792612
电气机械和器材制造业	88459	19043384	273152217	53100567
计算机、通信和其他电子设备制造业	88383	40640637	509860572	223295270
仪器仪表制造业	25034	3653234	27890618	3806498
其他制造业	3616	596861	5499004	1021359
废弃资源综合利用业	1429	275836	5586216	277410
金属制品、机械和设备修理业	1064	199636	1985349	218970
电力、热力、燃气及水生产和供应业	**7389**	**1267396**	**11780534**	**28786**
电力、热力生产和供应业	5812	972442	4614025	28786
燃气生产和供应业	826	184817	6202088	
水的生产和供应业	751	110137	964421	

2-6-5　分行业大型工业企业新产品开发及销售情况

单位：万元

行　业	新产品开发项目数(项)	新产品开发经费支出	新产品销售收入	#出口
合　计	**109358**	**86978737**	**1284614231**	**301046898**
采矿业	**3874**	**1106920**	**9448017**	**66712**
煤炭开采和洗选业	1200	408151	5894110	27320
石油和天然气开采业	723	265890	168446	33327
黑色金属矿采选业	206	41831	752505	
有色金属矿采选业	202	34882	548093	1944
非金属矿采选业	88	14901	262820	4121
开采及其他辅助性活动	1455	341264	1822042	
制造业	**102389**	**85391408**	**1269793750**	**300975970**
农副食品加工业	1237	382488	5541084	361056
食品制造业	1593	630212	9389901	660428
酒、饮料和精制茶制造业	829	398941	7070407	145623
烟草制品业	1052	215226	3280415	5466
纺织业	1613	583299	9533466	2723322
纺织服装、服饰业	801	287388	6371313	1907618
皮革、毛皮、羽毛及其制品和制鞋业	599	212586	3789341	813596
木材加工和木、竹、藤、棕、草制品业	118	36955	810596	424890
家具制造业	1075	362727	5993889	1462545
造纸和纸制品业	947	688816	14033836	598660
印刷和记录媒介复制业	355	119360	2361576	605934
文教、工美、体育和娱乐用品制造业	760	278008	4604632	1773303
石油加工、炼焦和核燃料加工业	1207	788745	28443967	1761026
化学原料和化学制品制造业	3259	1664960	30671192	3413604
医药制造业	8163	3716637	36440106	3827638
化学纤维制造业	1414	657469	13080915	957093
橡胶和塑料制品业	2503	1260061	17670747	5067761
非金属矿物制品业	2203	1061491	15243343	2138906
黑色金属冶炼和压延加工业	7808	8349056	103233428	3800538
有色金属冶炼和压延加工业	2783	1770196	40350554	1966430
金属制品业	3341	1158835	14442364	3269938
通用设备制造业	6954	3363030	47811001	7156898
专用设备制造业	5523	3581626	43720474	5007655
汽车制造业	9775	10990761	215201366	9034150
铁路、船舶、航空航天和其他运输设备制造业	5495	4179909	46392022	9643781
电气机械和器材制造业	12251	8706175	144408382	34486739
计算机、通信和其他电子设备制造业	16433	28758670	388353270	196386227
仪器仪表制造业	1340	816680	6821699	1102570
其他制造业	517	235305	2209924	173508
废弃资源综合利用业	32	24615	1173359	186504
金属制品、机械和设备修理业	409	111180	1345183	112563
电力、热力、燃气及水生产和供应业	**3095**	**480409**	**5372464**	**4216**
电力、热力生产和供应业	2928	411334	651677	4216
燃气生产和供应业	83	53735	4329986	
水的生产和供应业	84	15341	390802	

2-6-6　分行业中型工业企业新产品开发及销售情况

单位：万元

行　　业	新产品开发项目数(项)	新产品开发经费支出	新产品销售收入	#出口
合　计	**171443**	**42460714**	**546962019**	**80995006**
采矿业	**632**	**169356**	**2491127**	**12733**
煤炭开采和洗选业	209	68147	268627	
石油和天然气开采业	1	3802		
黑色金属矿采选业	95	35689	743387	
有色金属矿采选业	152	32357	1091266	6744
非金属矿采选业	89	16925	270761	5988
开采及其他辅助性活动	86	12436	117086	
制造业	**169648**	**41991356**	**541713122**	**80968615**
农副食品加工业	3098	758605	9901630	691265
食品制造业	3031	553744	6152743	700949
酒、饮料和精制茶制造业	1110	262652	2753824	138789
烟草制品业	126	18830	223523	33895
纺织业	4673	1130560	15542845	3034124
纺织服装、服饰业	2198	448720	5826468	1218751
皮革、毛皮、羽毛及其制品和制鞋业	1583	292639	2318389	715109
木材加工和木、竹、藤、棕、草制品业	551	148855	2230522	350914
家具制造业	2170	339255	4207458	1678290
造纸和纸制品业	1913	614426	9091882	681344
印刷和记录媒介复制业	1558	320564	5250929	536574
文教、工美、体育和娱乐用品制造业	3084	478543	6070965	2751487
石油加工、炼焦和核燃料加工业	484	349571	3970979	90
化学原料和化学制品制造业	9786	2904457	48818032	5915822
医药制造业	13624	2876549	24859900	3170978
化学纤维制造业	984	371261	5645707	325702
橡胶和塑料制品业	6366	1303781	16828315	3185020
非金属矿物制品业	6905	1966334	25014914	1900315
黑色金属冶炼和压延加工业	1583	1159586	14933520	795416
有色金属冶炼和压延加工业	3060	1299263	23440679	1141576
金属制品业	8523	1920838	26653488	3897457
通用设备制造业	14661	3034412	38449466	4852847
专用设备制造业	13707	3058353	31490445	5295861
汽车制造业	13986	3517083	45839842	3939846
铁路、船舶、航空航天和其他运输设备制造业	4424	1172564	13136851	2605790
电气机械和器材制造业	19090	4590880	68540592	11354394
计算机、通信和其他电子设备制造业	20734	5795681	72127794	17950577
仪器仪表制造业	5619	1091913	9556800	1466441
其他制造业	654	122267	1278523	539803
废弃资源综合利用业	162	51070	1143256	13275
金属制品、机械和设备修理业	201	38101	412843	85917
电力、热力、燃气及水生产和供应业	**1163**	**300002**	**2757770**	**13658**
电力、热力生产和供应业	834	223309	1560592	13658
燃气生产和供应业	187	38400	1118457	
水的生产和供应业	142	38294	78721	

2-6-7 分行业国有及国有控股工业企业新产品开发及销售情况

单位：万元

行　业	新产品开发项目数(项)	新产品开发经费支出	新产品销售收入	#出口
合　计	**89771**	**39388275**	**515049708**	**37752355**
采矿业	**4297**	**1175983**	**11524163**	**66964**
煤炭开采和洗选业	1328	413918	6010300	27320
石油和天然气开采业	726	278131	989096	33327
黑色金属矿采选业	247	48374	688189	
有色金属矿采选业	347	59760	1591542	1944
非金属矿采选业	158	30722	422993	4373
开采及其他辅助性活动	1491	345079	1822042	
制造业	**80009**	**37265401**	**499030921**	**37659018**
农副食品加工业	463	101789	827530	35754
食品制造业	752	166461	1731572	228178
酒、饮料和精制茶制造业	756	272477	5770639	71927
烟草制品业	1222	240188	3421451	7442
纺织业	477	101354	1629877	316612
纺织服装、服饰业	240	24444	365063	67985
皮革、毛皮、羽毛及其制品和制鞋业	152	13546	136035	2128
木材加工和木、竹、藤、棕、草制品业	63	11403	398605	1631
家具制造业	173	51849	414835	8656
造纸和纸制品业	410	155693	1576198	127598
印刷和记录媒介复制业	408	69384	1184033	22894
文教、工美、体育和娱乐用品制造业	238	28543	220479	17339
石油加工、炼焦和核燃料加工业	1146	388265	13167868	1447292
化学原料和化学制品制造业	4579	1367094	22511006	1724385
医药制造业	4355	937212	10033042	883345
化学纤维制造业	565	179300	2332304	264391
橡胶和塑料制品业	1246	304279	3393967	697362
非金属矿物制品业	3210	913998	11240411	350677
黑色金属冶炼和压延加工业	5937	4562586	49236157	2990201
有色金属冶炼和压延加工业	3084	1334162	28040987	806878
金属制品业	3240	738128	8413365	482452
通用设备制造业	6925	1991041	24986351	1208610
专用设备制造业	6533	1772869	21481631	1775855
汽车制造业	8153	8036828	151089769	2878470
铁路、船舶、航空航天和其他运输设备制造业	6667	4385791	44779676	6761113
电气机械和器材制造业	6368	1743266	27713351	2420985
计算机、通信和其他电子设备制造业	8638	6460814	55765022	11569423
仪器仪表制造业	2715	543057	3532249	255333
其他制造业	633	254231	1703096	63721
废弃资源综合利用业	98	11039	238393	
金属制品、机械和设备修理业	563	104310	1695962	170382
电力、热力、燃气及水生产和供应业	**5465**	**946892**	**4494624**	**26374**
电力、热力生产和供应业	4896	818370	2880544	26374
燃气生产和供应业	202	63289	1062001	
水的生产和供应业	367	65232	552078	

2-6-8　分行业内资工业企业新产品开发及销售情况

单位：万元

行　业	新产品开发项目数(项)	新产品开发经费支出	新产品销售收入	#出口
合　计	**676688**	**148203396**	**1766019670**	**232404310**
采矿业	**5303**	**1427159**	**14576206**	**82954**
煤炭开采和洗选业	1438	472866	6378274	27320
石油和天然气开采业	735	283587	1004995	33327
黑色金属矿采选业	391	104921	1930725	
有色金属矿采选业	475	85684	1998321	9746
非金属矿采选业	691	126573	1406790	12562
开采及其他辅助性活动	1572	353501	1857101	
其他采矿业	1	28		
制造业	**664753**	**145673801**	**1745302788**	**232301620**
农副食品加工业	14806	2853143	32136968	1598207
食品制造业	10474	1566464	18211449	1783176
酒、饮料和精制茶制造业	4390	1000158	12267544	347888
烟草制品业	1306	251571	3540079	39954
纺织业	17426	2696705	32841014	5431257
纺织服装、服饰业	6185	895127	11298202	1992836
皮革、毛皮、羽毛及其制品和制鞋业	5365	724925	7255590	1532188
木材加工和木、竹、藤、棕、草制品业	3815	600057	6705125	936384
家具制造业	7354	916821	11105430	3175422
造纸和纸制品业	7087	1351373	18748753	848945
印刷和记录媒介复制业	6479	866740	11666752	921173
文教、工美、体育和娱乐用品制造业	9453	1193766	13113487	3719943
石油加工、炼焦和核燃料加工业	2837	1300240	34103224	1803428
化学原料和化学制品制造业	41829	7542086	111321022	10133305
医药制造业	36126	6867856	63183377	6958831
化学纤维制造业	3616	1080423	18259928	1083458
橡胶和塑料制品业	31287	4230679	49511237	8271446
非金属矿物制品业	31497	5664842	63957207	4004116
黑色金属冶炼和压延加工业	12409	9389242	121355498	4573962
有色金属冶炼和压延加工业	12672	4128133	77683830	3096707
金属制品业	38591	5546682	63148712	6804236
通用设备制造业	65875	8966145	96732815	10193262
专用设备制造业	62021	9611303	96147090	10658009
汽车制造业	38084	9705088	154807338	7667824
铁路、船舶、航空航天和其他运输设备制造业	17129	5849141	61420074	10492294
电气机械和器材制造业	77289	15659650	221136143	34932308
计算机、通信和其他电子设备制造业	71980	31264369	299272542	85453972
仪器仪表制造业	22081	3001105	22449763	2700530
其他制造业	3160	543477	4820110	678672
废弃资源综合利用业	1354	264846	5333896	277410
金属制品、机械和设备修理业	776	141642	1768591	190479
电力、热力、燃气及水生产和供应业	**6632**	**1102437**	**6140676**	**19736**
电力、热力生产和供应业	5470	888559	3873051	19736
燃气生产和供应业	469	112813	1333966	
水的生产和供应业	693	101065	933659	

2-6-9 分行业港澳台商投资工业企业新产品开发及销售情况

单位：万元

行业	新产品开发项目数（项）	新产品开发经费支出	新产品销售收入	#出口
合计	**52612**	**15576264**	**271243951**	**115171209**
采矿业	**92**	**27552**	**99291**	
煤炭开采和洗选业	1	33		
石油和天然气开采业	62	21938		
黑色金属矿采选业	1	773		
有色金属矿采选业	8	862	1119	
非金属矿采选业	11	1257	1468	
开采及其他辅助性活动	9	2690	96705	
制造业	**52228**	**15477383**	**266868751**	**115162159**
农副食品加工业	883	164308	2232811	152108
食品制造业	1048	203027	1850060	348994
酒、饮料和精制茶制造业	298	53556	357215	21526
烟草制品业	16	1800	19594	
纺织业	1972	430134	5751298	1789254
纺织服装、服饰业	902	218808	4325372	1833364
皮革、毛皮、羽毛及其制品和制鞋业	724	147002	2263026	682791
木材加工和木、竹、藤、棕、草制品业	190	36560	358516	223310
家具制造业	879	159053	1661867	513743
造纸和纸制品业	1088	390326	8244816	487196
印刷和记录媒介复制业	602	105559	1323753	370752
文教、工美、体育和娱乐用品制造业	1414	214237	3270828	2051636
石油加工、炼焦和核燃料加工业	196	61552	1127181	81184
化学原料和化学制品制造业	3204	610190	7945714	889460
医药制造业	3285	1277120	8745775	478673
化学纤维制造业	625	190427	2836136	216200
橡胶和塑料制品业	3202	582429	7152088	1844761
非金属矿物制品业	1397	421507	6005538	1044943
黑色金属冶炼和压延加工业	470	368318	3850577	229314
有色金属冶炼和压延加工业	663	271001	3468507	379346
金属制品业	2727	493328	6499561	2102987
通用设备制造业	3547	684128	10640828	2668330
专用设备制造业	3820	676578	6972603	1524852
汽车制造业	2661	1060747	19833602	3403689
铁路、船舶、航空航天和其他运输设备制造业	611	161909	2582040	943031
电气机械和器材制造业	5727	1800043	29357541	10338764
计算机、通信和其他电子设备制造业	8401	4325593	115011661	79851179
仪器仪表制造业	1140	307474	2320984	477160
其他制造业	297	32748	427089	186426
废弃资源综合利用业	55	8839	218094	
金属制品、机械和设备修理业	184	19084	214077	27186
电力、热力、燃气及水生产和供应业	**292**	**71328**	**4275909**	**9050**
电力、热力生产和供应业	182	42982	324007	9050
燃气生产和供应业	88	23612	3929143	
水的生产和供应业	22	4734	22759	

2-6-10 分行业外商投资工业企业新产品开发及销售情况

单位：万元

行业	新产品开发项目数（项）	新产品开发经费支出	新产品销售收入	#出口
合计	**58825**	**22458122**	**343473022**	**90957204**
采矿业	**122**	**61166**	**992558**	**26678**
煤炭开采和洗选业	50	17096		
石油和天然气开采业	17	31452	707886	650
黑色金属矿采选业			69532	
有色金属矿采选业	6	5176	41558	
非金属矿采选业	36	4724	164652	26028
开采及其他辅助性活动	13	2717	8931	
制造业	**58238**	**22303325**	**341116515**	**90930526**
农副食品加工业	969	218680	1569901	289820
食品制造业	1390	324110	2616721	115009
酒、饮料和精制茶制造业	395	75458	550962	51188
纺织业	1010	164885	2759513	1132189
纺织服装、服饰业	500	95266	1080231	378437
皮革、毛皮、羽毛及其制品和制鞋业	350	103418	1177967	239497
木材加工和木、竹、藤、棕、草制品业	135	19775	199021	72900
家具制造业	405	72953	1121629	458114
造纸和纸制品业	579	259741	4772144	401944
印刷和记录媒介复制业	262	68812	792935	164887
文教、工美、体育和娱乐用品制造业	780	111329	1400583	713832
石油加工、炼焦和核燃料加工业	124	30221	527480	30437
化学原料和化学制品制造业	3621	873586	10899748	1492459
医药制造业	2734	686899	5051993	1454248
化学纤维制造业	285	83772	1267023	132651
橡胶和塑料制品业	2307	461025	4864549	1617668
非金属矿物制品业	1458	301302	3582704	431109
黑色金属冶炼和压延加工业	537	603797	4147172	62993
有色金属冶炼和压延加工业	508	246753	4617224	296377
金属制品业	2427	382859	4948227	1732955
通用设备制造业	6672	1853932	25627220	4326970
专用设备制造业	4909	1199252	12358796	2350550
汽车制造业	9127	6657749	116979303	4021020
铁路、船舶、航空航天和其他运输设备制造业	1213	367032	6559983	2357287
电气机械和器材制造业	5443	1583691	22658533	7829494
计算机、通信和其他电子设备制造业	8002	5050676	95576369	57990118
仪器仪表制造业	1813	344655	3119872	628808
其他制造业	159	20636	251805	156261
废弃资源综合利用业	20	2152	34227	
金属制品、机械和设备修理业	104	38910	2681	1305
电力、热力、燃气及水生产和供应业	**465**	**93631**	**1363949**	
电力、热力生产和供应业	160	40901	416967	
燃气生产和供应业	269	48391	938978	
水的生产和供应业	36	4339	8004	

2-6-11 各地区工业企业新产品开发及销售情况

单位：万元

地 区	新产品开发项目数(项)	新产品开发经费支出	新产品销售收入	#出口
全 国	**788125**	**186237781**	**2380736642**	**438532723**
东部地区	560926	127949794	1619588775	348010376
中部地区	131327	33698199	474791236	63962620
西部地区	73301	18301614	211339488	21279427
东北地区	22571	6288175	75017144	5280301
北 京	13188	4523146	53449397	9779802
天 津	14449	2386906	38919876	5437875
河 北	20229	5621709	71909825	6034109
山 西	6539	1480910	23111205	2375323
内蒙古	2527	1008454	12424598	635723
辽 宁	14329	3584102	44409366	4376062
吉 林	3741	1788921	22400315	585936
黑龙江	4501	915152	8207463	318302
上 海	22755	8689077	101592157	14694288
江 苏	102826	28223651	394428431	89402034
浙 江	133346	17652995	283024993	57204310
安 徽	32863	7494349	120543819	14336688
福 建	27029	6787880	60975492	15293260
江 西	23138	4669998	72213414	9353771
山 东	59946	12580017	170810782	18812431
河 南	22244	5262726	79074956	25225588
湖 北	20290	7280674	95968820	6763431
湖 南	26253	7509542	83879023	5907820
广 东	166140	41271302	443130513	131329923
广 西	6502	1872393	25712986	1778018
海 南	1018	213111	1347310	22346
重 庆	16907	3972680	58806719	11941326
四 川	22133	4874121	49699120	4371971
贵 州	4993	960411	8760932	294623
云 南	5532	1153684	12160954	164127
西 藏	52	11290	34487	
陕 西	9810	3063227	24941898	1016470
甘 肃	1565	436109	5780308	465273
青 海	308	123063	2094604	7630
宁 夏	1777	407112	4592014	233859
新 疆	1195	419072	6330868	370405

2-6-12　各地区大型工业企业新产品开发及销售情况

单位：万元

地　区	新产品开发项目数（项）	新产品开发经费支出	新产品销售收入	#出口
全　国	**109358**	**86978737**	**1284614231**	**301046898**
东部地区	66907	60112250	870321375	229580651
中部地区	20866	14078458	237446810	51866510
西部地区	16981	9039175	127778727	15958115
东北地区	4604	3748854	49067318	3641621
北　京	2132	2044652	33928261	7861725
天　津	2322	780161	20561720	3781104
河　北	3994	3259397	47643387	4182628
山　西	2274	951495	15613985	2054099
内蒙古	1017	697366	8849009	458617
辽　宁	2432	1780393	25538882	2985708
吉　林	874	1398606	17820885	478676
黑龙江	1298	569855	5707551	177238
上　海	4107	4729580	61918897	8879980
江　苏	12397	10933997	188180884	61492951
浙　江	10496	5077730	105131868	22722185
安　徽	4202	2990812	54487098	10112651
福　建	4106	2585520	34059971	10720535
江　西	2720	1722817	34684607	7290127
山　东	10025	5920918	97806671	11060728
河　南	5254	2402491	54451709	23922200
湖　北	3683	3291180	41164655	4260263
湖　南	2733	2719663	37044757	4227171
广　东	17154	24686816	280531674	98874317
广　西	1268	1225311	18797357	711960
海　南	174	93479	558043	4499
重　庆	3273	1586526	32079179	10056859
四　川	5133	2181935	28178887	3015964
贵　州	1442	398696	4600246	130062
云　南	1072	368902	4560479	36878
西　藏	4	5072		
陕　西	2426	1810988	16661542	646509
甘　肃	437	240299	4463602	411901
青　海	70	53082	1557775	4212
宁　夏	350	144488	2501164	121612
新　疆	489	326511	5529487	363539

2-6-13 各地区中型工业企业新产品开发及销售情况

单位：万元

地　　区	新产品开发项目数(项)	新产品开发经费支出	新产品销售收入	#出口
全　　国	**171443**	**42460714**	**546962019**	**80995006**
东部地区	120241	29574549	386837052	69746195
中部地区	26676	7308988	102257484	6832173
西部地区	19104	4391341	43917534	3397983
东北地区	5422	1185836	13949950	1018655
北　　京	3576	1253793	10191836	1095665
天　　津	3533	797847	10490977	1014591
河　　北	4433	1214835	13255035	1143256
山　　西	1482	247868	5005566	188128
内 蒙 古	686	192394	2730559	170996
辽　　宁	3242	804186	9750752	827098
吉　　林	1178	209631	2924560	67035
黑 龙 江	1002	172019	1274638	124521
上　　海	5281	1856479	21710260	3944267
江　　苏	21029	7011842	99914715	17055665
浙　　江	27710	5305977	90554910	18846172
安　　徽	5948	1510279	26105872	2153988
福　　建	7508	1966842	15244508	2930347
江　　西	3915	951624	14078033	1240523
山　　东	13252	2994290	41612696	4752565
河　　南	5286	1458807	13944871	880835
湖　　北	4669	1570408	23029042	1376363
湖　　南	5376	1570002	20094100	992336
广　　东	33467	7098441	83576978	18950158
广　　西	1689	319546	3875058	617016
海　　南	452	74203	285137	13509
重　　庆	5251	1245344	14456237	1240494
四　　川	5625	1209874	10767672	841369
贵　　州	1131	248924	2492348	120411
云　　南	1248	308472	2451525	61318
西　　藏	20	3392		
陕　　西	2197	577221	4463677	224007
甘　　肃	400	93944	632487	34996
青　　海	67	45452	404182	1716
宁　　夏	529	113782	1333903	83062
新　　疆	261	32995	309886	2599

2-6-14　各地区国有及国有控股工业企业新产品开发及销售情况

单位：万元

地　区	新产品开发项目数(项)	新产品开发经费支出	新产品销售收入	#出口
全　国	**89771**	**39388275**	**515049708**	**37752355**
东部地区	39607	18748749	264217379	23246097
中部地区	21572	9062978	115286444	6968755
西部地区	22748	8350823	92419063	4977074
东北地区	5844	3225726	43126822	2560429
北　京	4439	1989439	15387974	668069
天　津	3034	559575	14506369	508080
河　北	3069	1334642	17597315	764366
山　西	2850	867864	12057033	960524
内蒙古	1104	564083	5217935	342713
辽　宁	3369	1426924	21685321	2155736
吉　林	941	1270525	17350419	263552
黑龙江	1534	528277	4091082	141141
上　海	5247	3703046	58011677	4507235
江　苏	6931	2897824	44754094	4792638
浙　江	2661	1013924	13467595	752014
安　徽	4370	1683897	28854881	2255875
福　建	1773	892669	8522076	970680
江　西	2029	910936	17197914	1206459
山　东	6581	2451073	45004308	2476793
河　南	4414	1381593	15549598	705037
湖　北	4193	2580572	23608909	1228942
湖　南	3716	1638116	18018108	611918
广　东	5720	3888845	46915090	7806224
广　西	1585	893551	13205307	607595
海　南	152	17714	50882	
重　庆	4062	1259453	19927924	1317671
四　川	5355	2019969	22418626	1592912
贵　州	2265	525373	4656733	169426
云　南	2330	559474	4323432	50798
西　藏	8	665	35	
陕　西	4128	1990696	14931676	792585
甘　肃	810	252431	4206943	67633
青　海	124	68178	1293010	4212
宁　夏	524	80465	1384229	18810
新　疆	453	136485	853213	12721

2-6-15 各地区内资工业企业新产品开发及销售情况

单位：万元

地 区	新产品开发项目数(项)	新产品开发经费支出	新产品销售收入	#出口
全 国	**676688**	**148203396**	**1766019670**	**232404310**
东部地区	465832	96527035	1127518856	184423809
中部地区	122764	30520168	399632218	32223187
西部地区	68091	16387432	180558653	11549324
东北地区	20001	4768760	58309944	4207990
北 京	10968	3278705	25816106	1458775
天 津	12100	1862366	24501236	1754009
河 北	18580	4722899	64654501	4998522
山 西	6310	1396364	21613904	1910006
内蒙古	2380	959300	12006784	621067
辽 宁	12360	2796689	34240085	3357251
吉 林	3298	1107002	16219265	541496
黑龙江	4343	865070	7850594	309244
上 海	15478	4688298	46841419	7867159
江 苏	81479	20047770	253958711	30420419
浙 江	117052	14223524	221392894	42188391
安 徽	30589	6733178	103699799	8821717
福 建	20812	4800751	37998850	5056019
江 西	21542	4211576	64232656	7901945
山 东	53785	10913760	145935697	14330469
河 南	21037	4855604	57580726	6597636
湖 北	18406	6381942	78637597	4565087
湖 南	24880	6941504	73867535	2426797
广 东	134718	31832584	305474221	76336538
广 西	5618	1337578	17046445	1490563
海 南	860	156379	945220	13509
重 庆	15369	3322359	42950434	4078193
四 川	20585	4596573	45970959	2909358
贵 州	4887	942890	8584646	271467
云 南	5202	1089756	11783925	129007
西 藏	49	6351	9492	
陕 西	9333	2778345	23651248	993837
甘 肃	1537	429412	5757025	461575
青 海	301	118652	2041245	6367
宁 夏	1680	391430	4504432	219213
新 疆	1150	414787	6252019	368677

2-6-16 各地区港澳台商投资工业企业新产品开发及销售情况

单位：万元

地区	新产品开发项目数(项)	新产品开发经费支出	新产品销售收入	#出口
全国	**52612**	**15576264**	**271243951**	**115171209**
东部地区	46360	13569293	222618095	86160017
中部地区	3665	1318618	41296581	27503827
西部地区	1932	469747	5214498	1336961
东北地区	655	218605	2114777	170404
北京	830	502439	18639633	7412993
天津	785	154755	2108344	673511
河北	643	365242	2891381	116462
山西	30	2688	68552	442
内蒙古	106	30025	409054	14011
辽宁	524	174203	1553284	121936
吉林	49	16006	378549	42790
黑龙江	82	28396	182944	5678
上海	2348	744705	8981269	2165545
江苏	8044	3361328	59726017	26229531
浙江	7322	1700463	28435222	6853767
安徽	1014	319649	9491283	4394511
福建	3829	1226947	14948161	6205802
江西	765	238680	5036582	1063855
山东	2095	635628	10644296	950194
河南	531	182629	19428267	18493378
湖北	566	299678	2528351	289970
湖南	759	275293	4743546	3261671
广东	20348	4858048	75968647	35544951
广西	201	35746	444078	196681
海南	116	19738	275124	7261
重庆	491	184182	1964670	410503
四川	713	105136	1245121	651901
贵州	56	9531	150321	23157
云南	221	43387	198505	26683
陕西	118	57526	769287	12763
甘肃	3	800		
青海	1	515	1760	1263
宁夏	16	2762	21553	
新疆	6	137	10150	

2-6-17　各地区外商投资工业企业新产品开发及销售情况

单位：万元

地　区	新产品开发项目数（项）	新产品开发经费支出	新产品销售收入	
				#出口
全　国	**58825**	**22458122**	**343473022**	**90957204**
东部地区	48734	17853466	269451824	77426549
中部地区	4898	1859412	33862438	4235606
西部地区	3278	1444434	25566337	8393142
东北地区	1915	1300810	14592424	901907
北　京	1390	742002	8993658	908034
天　津	1564	369786	12310296	3010354
河　北	1006	533568	4363943	919125
山　西	199	81858	1428749	464875
内蒙古	41	19129	8760	645
辽　宁	1445	613211	8615997	896876
吉　林	394	665913	5802501	1651
黑龙江	76	21686	173925	3380
上　海	4929	3256074	45769469	4661584
江　苏	13303	4814553	80743703	32752085
浙　江	8972	1729008	33196877	8162152
安　徽	1260	441521	7352737	1120460
福　建	2388	760182	8028480	4031438
江　西	831	219741	2944176	387971
山　东	4066	1030629	14230789	3531768
河　南	676	224493	2065962	134574
湖　北	1318	599054	14802872	1908374
湖　南	614	292745	5267941	219353
广　东	11074	4580670	61687645	19448434
广　西	683	499070	8222463	90775
海　南	42	36995	126965	1576
重　庆	1047	466140	13891616	7452630
四　川	835	172411	2483039	810712
贵　州	50	7991	25966	
云　南	109	20541	178525	8437
西　藏	3	4939	24996	
陕　西	359	227356	521363	9870
甘　肃	25	5896	23283	3699
青　海	6	3895	51599	
宁　夏	81	12920	66028	14646
新　疆	39	4147	68699	1728

第二部分

工业企业研发活动情况

工业企业自主知识产权及相关情况

(2020)

2-7-1 分登记注册类型工业企业自主知识产权及相关情况

行业	专利申请数（件）	#发明专利	有效发明专利数（件）	拥有注册商标数（件）	形成国家或行业标准数（项）
合计	**1243927**	**446069**	**1447950**	**973541**	**29297**
国有及国有控股	**211160**	**110326**	**315689**	**138732**	**7240**
内资企业	**1082747**	**389329**	**1233554**	**820851**	**25762**
国有企业	23184	13948	20760	12713	681
集体企业	669	169	744	129	8
股份合作企业	850	199	761	737	22
联营企业	86	28	100	70	1
国有联营企业	34	1	22	17	1
集体联营企业			11	51	
国有与集体联营企业	3		2		
其他联营企业	49	27	65	2	
有限责任公司	291110	136500	423483	179153	7265
国有独资公司	46416	26783	61827	15584	1434
其他有限责任公司	244694	109717	361656	163569	5831
股份有限公司	162935	78331	249414	220470	6184
私营企业	603382	159915	537734	407361	11507
私营独资企业	3473	834	2092	1890	97
私营合伙企业	708	156	424	247	1
私营有限责任公司	506691	126927	428948	292653	8354
私营股份有限公司	92510	31998	106270	112571	3055
其他企业	531	239	558	218	94
港、澳、台商投资企业	**73083**	**24182**	**104000**	**80502**	**2033**
合资经营企业	28737	10264	36330	28240	743
合作经营企业	377	111	580	306	5
港、澳、台商独资经营企业	36838	11237	57108	39433	941
港、澳、台商投资股份有限公司	6637	2429	9273	11994	340
其他港、澳、台投资企业	494	141	709	529	4
外商投资企业	**88097**	**32558**	**110396**	**72188**	**1502**
中外合资经营企业	40812	15873	46887	34666	800
中外合作经营企业	720	188	560	731	6
外资企业	37136	12915	52060	22504	483
外商投资股份有限公司	8531	3232	10013	12005	184
其他外商投资企业	898	350	876	2282	29

2-7-2 分登记注册类型大型工业企业自主知识产权及相关情况

行业	专利申请数（件）	#发明专利	有效发明专利数（件）	拥有注册商标数（件）	形成国家或行业标准数（项）
合 计	**398799**	**210081**	**601184**	**362523**	**9883**
国有及国有控股	**137380**	**78310**	**223792**	**104072**	**3881**
内资企业	**334793**	**181083**	**505810**	**295295**	**8554**
国有企业	13879	7920	14618	10943	461
集体企业	35	5			
股份合作企业	1	1	50	290	2
联营企业	24	11	2		
其他联营企业	24	11	2		
有限责任公司	136427	83615	248068	89917	2589
国有独资公司	32687	20406	45776	11167	879
其他有限责任公司	103740	63209	202292	78750	1710
股份有限公司	105609	56106	164756	129783	3363
私营企业	78454	33204	77798	64184	2046
私营独资企业	287	86	221	59	60
私营有限责任公司	48014	20682	46758	27770	977
私营股份有限公司	30153	12436	30819	36355	1009
其他企业	364	221	518	178	93
港、澳、台商投资企业	**29003**	**12357**	**50470**	**32832**	**799**
合资经营企业	12082	5290	16006	11846	254
合作经营企业	48	7	31		
港、澳、台商独资经营企业	13149	5766	30654	16039	359
港、澳、台商投资股份有限公司	3693	1283	3727	4945	186
其他港、澳、台投资企业	31	11	52	2	
外商投资企业	**35003**	**16641**	**44904**	**34396**	**530**
中外合资经营企业	17899	8620	16700	18459	265
中外合作经营企业	359	95	102	438	3
外资企业	12142	6225	22759	7836	187
外商投资股份有限公司	4391	1596	4786	7362	59
其他外商投资企业	212	105	557	301	16

2-7-3 分登记注册类型中型工业企业自主知识产权及相关情况

行业	专利申请数(件)	#发明专利	有效发明专利数(件)	拥有注册商标数(件)	形成国家或行业标准数(项)
合计	**250818**	**86005**	**278673**	**253134**	**8754**
国有及国有控股	**41444**	**19666**	**51796**	**22726**	**2118**
内资企业	**204902**	**70795**	**222182**	**207017**	**7392**
国有企业	7000	5131	3802	1161	116
集体企业	177	27	338	25	2
股份合作企业	194	72	186	322	13
联营企业	3	1	3	9	
国有联营企业	3	1	3	9	
有限责任公司	59278	23234	71763	41099	2415
国有独资公司	6823	3225	9109	2805	406
其他有限责任公司	52455	20009	62654	38294	2009
股份有限公司	34238	13613	48092	59206	1806
私营企业	103991	28713	97998	105192	3040
私营独资企业	670	205	323	751	4
私营合伙企业	132	32	68	15	
私营有限责任公司	78418	19982	68845	69534	2035
私营股份有限公司	24771	8494	28762	34892	1001
其他企业	21	4		3	
港、澳、台商投资企业	**20489**	**6187**	**25471**	**25541**	**779**
合资经营企业	7412	2470	9104	7841	272
合作经营企业	98	38	149	92	3
港、澳、台商独资经营企业	10737	2850	12514	12896	372
港、澳、台商投资股份有限公司	2033	766	3398	4410	132
其他港、澳、台投资企业	209	63	306	302	
外商投资企业	**25427**	**9023**	**31020**	**20576**	**583**
中外合资经营企业	10919	4131	14723	7536	303
中外合作经营企业	162	41	224	213	
外资企业	11125	3763	13091	7462	175
外商投资股份有限公司	2862	922	2853	3505	95
其他外商投资企业	359	166	129	1860	10

2-7-4 分行业工业企业自主知识产权及相关情况

行　　业	专　利 申请数 (件)	#发明 专利	有　效 发　明 专利数 (件)	拥　有 注　册 商标数 (件)	形成国家 或行业 标准数 (项)
合　计	**1243927**	**446069**	**1447950**	**973541**	**29297**
采矿业	**14093**	**5525**	**13319**	**1418**	**308**
煤炭开采和洗选业	4970	1128	2500	529	55
石油和天然气开采业	3907	2251	4481	24	93
黑色金属矿采选业	1064	489	1920	41	31
有色金属矿采选业	1308	332	945	256	15
非金属矿采选业	942	229	819	387	14
开采及其他辅助性活动	1894	1095	2642	181	100
其他采矿业	8	1	12		
制造业	**1195111**	**421308**	**1397644**	**970407**	**28621**
农副食品加工业	14147	4051	13432	29048	439
食品制造业	12547	4529	15095	70270	443
酒、饮料和精制茶制造业	5032	1339	4497	53057	213
烟草制品业	6348	2400	4977	20647	103
纺织业	18905	4532	15444	16117	660
纺织服装、服饰业	7835	1429	4938	22891	338
皮革、毛皮、羽毛及其制品和制鞋业	6259	902	2948	10798	219
木材加工和木、竹、藤、棕、草制品业	4825	1165	3879	5046	274
家具制造业	14562	1679	6653	14822	165
造纸和纸制品业	9895	2137	7941	8470	200
印刷和记录媒介复制业	9006	1951	7731	3857	204
文教、工美、体育和娱乐用品制造业	17111	2787	12488	23893	367
石油加工、炼焦和核燃料加工业	4243	1552	5673	2926	108
化学原料和化学制品制造业	52887	21695	75728	98519	2752
医药制造业	29107	14633	56784	114681	2119
化学纤维制造业	3944	1089	4455	2800	205
橡胶和塑料制品业	44485	11090	38955	25046	1099
非金属矿物制品业	48345	12512	41678	23632	1352
黑色金属冶炼和压延加工业	19605	7476	21280	2825	400
有色金属冶炼和压延加工业	18276	5923	21020	7583	1117
金属制品业	56941	13190	51889	27747	1624
通用设备制造业	110510	31151	115282	45562	2795
专用设备制造业	113454	35702	130208	57672	2303
汽车制造业	75576	22676	71478	51317	1104
铁路、船舶、航空航天和其他运输设备制造业	33983	15158	43238	11192	949
电气机械和器材制造业	183963	59507	167931	87165	3646
计算机、通信和其他电子设备制造业	224990	122293	402244	109391	1996
仪器仪表制造业	38118	13511	39798	18554	1201
其他制造业	5879	1770	6522	4332	129
废弃资源综合利用业	2900	942	1990	406	58
金属制品、机械和设备修理业	1433	537	1468	141	39
电力、热力、燃气及水生产和供应业	**34723**	**19236**	**36987**	**1716**	**368**
电力、热力生产和供应业	31939	18555	35020	974	324
燃气生产和供应业	1118	226	589	271	25
水的生产和供应业	1666	455	1378	471	19

2-7-5 分行业大型工业企业自主知识产权及相关情况

行业	专利申请数(件)	#发明专利	有效发明专利数(件)	拥有注册商标数(件)	形成国家或行业标准数(项)
合计	**398799**	**210081**	**601184**	**362523**	**9883**
采矿业	**11035**	**4758**	**10667**	**932**	**276**
煤炭开采和洗选业	4376	995	2154	503	54
石油和天然气开采业	3721	2179	4263	16	86
黑色金属矿采选业	772	421	1680	8	27
有色金属矿采选业	409	146	206	198	9
非金属矿采选业	125	41	97	156	
开采及其他辅助性活动	1632	976	2267	51	100
制造业	**363198**	**189142**	**560691**	**360945**	**9372**
农副食品加工业	983	213	875	6191	72
食品制造业	2576	1166	3355	28181	232
酒、饮料和精制茶制造业	1253	208	1094	28687	63
烟草制品业	5686	2167	4502	20170	94
纺织业	2127	761	2228	5948	246
纺织服装、服饰业	1095	278	1165	11838	120
皮革、毛皮、羽毛及其制品和制鞋业	958	171	414	5716	96
木材加工和木、竹、藤、棕、草制品业	162	44	208	759	40
家具制造业	3992	265	927	5863	107
造纸和纸制品业	1195	337	1468	1858	44
印刷和记录媒介复制业	495	139	607	202	48
文教、工美、体育和娱乐用品制造业	2512	530	1142	5496	56
石油加工、炼焦和核燃料加工业	2019	805	2881	495	43
化学原料和化学制品制造业	5810	3113	9955	16074	384
医药制造业	6643	4629	15290	40001	784
化学纤维制造业	934	360	1553	1133	104
橡胶和塑料制品业	4360	1254	3803	7513	228
非金属矿物制品业	4964	1708	5157	7255	185
黑色金属冶炼和压延加工业	13340	5787	14780	1683	320
有色金属冶炼和压延加工业	4928	1972	6343	3694	590
金属制品业	6734	2426	8056	5353	525
通用设备制造业	20555	8722	27947	8134	744
专用设备制造业	21064	9936	30041	12614	574
汽车制造业	29768	11761	27595	38174	565
铁路、船舶、航空航天和其他运输设备制造业	15985	9225	23948	4436	690
电气机械和器材制造业	79945	35057	66292	35620	1496
计算机、通信和其他电子设备制造业	116008	82598	289834	55252	699
仪器仪表制造业	4982	2299	6145	2084	137
其他制造业	1356	791	2340	469	54
废弃资源综合利用业	155	96	206	4	
金属制品、机械和设备修理业	614	324	540	48	32
电力、热力、燃气及水生产和供应业	**24566**	**16181**	**29826**	**646**	**235**
电力、热力生产和供应业	23943	15984	29507	414	218
燃气生产和供应业	397	109	157	210	10
水的生产和供应业	226	88	162	22	7

2-7-6　分行业中型工业企业自主知识产权及相关情况

行　　业	专　利 申请数 (件)	#发明 专利	有　效 发　明 专利数 (件)	拥　有 注　册 商标数 (件)	形成国家 或行业 标准数 (项)
合　计	**250818**	**86005**	**278673**	**253134**	**8754**
采矿业	**1595**	**402**	**1414**	**314**	**21**
煤炭开采和洗选业	512	107	273	22	1
石油和天然气开采业	58	41	106		5
黑色金属矿采选业	203	47	168	14	3
有色金属矿采选业	500	100	382	10	6
非金属矿采选业	173	31	174	158	6
开采及其他辅助性活动	141	75	299	110	
其他采矿业	8	1	12		
制造业	**245951**	**84649**	**274717**	**252499**	**8682**
农副食品加工业	1905	600	2470	6843	108
食品制造业	2366	838	3583	16692	80
酒、饮料和精制茶制造业	868	255	952	11742	61
烟草制品业	406	109	246	459	9
纺织业	4630	1115	4711	4146	241
纺织服装、服饰业	3236	413	1668	6122	139
皮革、毛皮、羽毛及其制品和制鞋业	1395	262	1314	1824	80
木材加工和木、竹、藤、棕、草制品业	781	184	1009	2186	83
家具制造业	4411	545	2138	5040	34
造纸和纸制品业	2272	620	1907	2864	74
印刷和记录媒介复制业	2082	462	2277	2193	107
文教、工美、体育和娱乐用品制造业	4878	655	3766	7400	164
石油加工、炼焦和核燃料加工业	623	202	762	895	8
化学原料和化学制品制造业	10851	5493	19051	35116	1058
医药制造业	7750	4693	18778	38045	603
化学纤维制造业	829	232	1070	612	58
橡胶和塑料制品业	8019	2310	8652	4840	288
非金属矿物制品业	10972	3121	10562	5799	481
黑色金属冶炼和压延加工业	1727	655	1490	422	39
有色金属冶炼和压延加工业	3697	1351	4442	1641	196
金属制品业	11561	3047	11791	8703	530
通用设备制造业	21927	6610	23037	13787	906
专用设备制造业	23943	8114	27022	15334	654
汽车制造业	16120	4669	17524	6023	312
铁路、船舶、航空航天和其他运输设备制造业	6970	2524	7729	2884	143
电气机械和器材制造业	33795	9629	33410	21935	1086
计算机、通信和其他电子设备制造业	45003	20659	50203	20337	687
仪器仪表制造业	11083	4725	11201	6739	394
其他制造业	1266	369	1360	1743	34
废弃资源综合利用业	302	80	160	129	18
金属制品、机械和设备修理业	283	108	432	4	7
电力、热力、燃气及水生产和供应业	**3272**	**954**	**2542**	**321**	**51**
电力、热力生产和供应业	2754	840	2223	196	46
燃气生产和供应业	189	39	100	15	2
水的生产和供应业	329	75	219	110	3

2-7-7 分行业国有及国有控股工业企业自主知识产权及相关情况

行业	专利申请数（件）	#发明专利	有效发明专利数（件）	拥有注册商标数（件）	形成国家或行业标准数（项）
合　计	**211160**	**110326**	**315689**	**138732**	**7240**
采矿业	**12114**	**4923**	**11122**	**1088**	**294**
煤炭开采和洗选业	4772	1078	2382	516	55
石油和天然气开采业	3588	2093	3956	18	92
黑色金属矿采选业	809	415	1705	18	30
有色金属矿采选业	956	257	516	233	15
非金属矿采选业	325	93	254	264	2
开采及其他辅助性活动	1656	986	2297	39	100
其他采矿业	8	1	12		
制造业	**167620**	**86891**	**269928**	**136620**	**6624**
农副食品加工业	343	107	454	1268	45
食品制造业	822	378	1498	8049	38
酒、饮料和精制茶制造业	1108	192	842	20017	39
烟草制品业	6090	2347	4847	20589	102
纺织业	577	186	631	326	186
纺织服装、服饰业	169	28	436	119	18
皮革、毛皮、羽毛及其制品和制鞋业	187	45	364	152	67
木材加工和木、竹、藤、棕、草制品业	79	25	164	354	11
家具制造业	118	37	186	121	
造纸和纸制品业	407	133	534	494	42
印刷和记录媒介复制业	478	136	785	239	39
文教、工美、体育和娱乐用品制造业	556	47	194	465	30
石油加工、炼焦和核燃料加工业	1757	835	3371	532	51
化学原料和化学制品制造业	6765	3293	12142	6616	459
医药制造业	2314	1162	6089	15687	228
化学纤维制造业	359	189	976	720	35
橡胶和塑料制品业	1477	480	1899	2149	193
非金属矿物制品业	5361	1738	5459	2163	338
黑色金属冶炼和压延加工业	9195	4786	13697	1342	198
有色金属冶炼和压延加工业	4847	2045	7744	1983	536
金属制品业	4922	2432	7659	886	377
通用设备制造业	12011	4863	19165	3699	428
专用设备制造业	12378	4997	17380	3803	475
汽车制造业	23467	9914	24127	28389	467
铁路、船舶、航空航天和其他运输设备制造业	18656	11426	28802	2602	759
电气机械和器材制造业	12525	5844	14748	3343	568
计算机、通信和其他电子设备制造业	34417	25957	86013	9083	555
仪器仪表制造业	3664	1842	5938	1008	234
其他制造业	1576	955	2733	362	62
废弃资源综合利用业	173	83	219	9	7
金属制品、机械和设备修理业	822	389	832	51	37
电力、热力、燃气及水生产和供应业	**31426**	**18512**	**34639**	**1024**	**322**
电力、热力生产和供应业	30181	18212	33818	598	293
燃气生产和供应业	456	107	173	198	18
水的生产和供应业	789	193	648	228	11

2-7-8 分行业内资工业企业自主知识产权及相关情况

行业	专利申请数(件)	#发明专利	有效发明专利数(件)	拥有注册商标数(件)	形成国家或行业标准数(项)
合计	**1082747**	**389329**	**1233554**	**820851**	**25762**
采矿业	**13439**	**5278**	**12387**	**1365**	**303**
煤炭开采和洗选业	4753	1069	2338	523	55
石油和天然气开采业	3597	2095	3977	24	92
黑色金属矿采选业	1060	489	1909	41	31
有色金属矿采选业	1251	324	870	255	15
非金属矿采选业	902	221	798	368	10
开采及其他辅助性活动	1868	1079	2483	154	100
其他采矿业	8	1	12		
制造业	**1035951**	**365124**	**1185363**	**817857**	**25112**
农副食品加工业	13247	3798	12270	26420	412
食品制造业	11093	3983	12722	58104	394
酒、饮料和精制茶制造业	4673	1248	4187	47409	198
烟草制品业	6335	2392	4918	20645	103
纺织业	16030	3715	11985	12281	595
纺织服装、服饰业	6099	1099	3584	20110	224
皮革、毛皮、羽毛及其制品和制鞋业	4974	691	2219	6379	178
木材加工和木、竹、藤、棕、草制品业	4431	1072	3333	4553	205
家具制造业	12797	1458	5664	13475	158
造纸和纸制品业	7872	1595	5868	5795	153
印刷和记录媒介复制业	7724	1664	6530	2846	131
文教、工美、体育和娱乐用品制造业	13741	2212	10016	17632	318
石油加工、炼焦和核燃料加工业	4026	1445	5193	2000	93
化学原料和化学制品制造业	47277	19290	66713	83378	2449
医药制造业	24231	11522	47984	95610	1732
化学纤维制造业	3446	962	3749	2421	148
橡胶和塑料制品业	38328	9842	32679	19714	965
非金属矿物制品业	44585	11277	37186	20455	1203
黑色金属冶炼和压延加工业	18588	7197	20421	2680	383
有色金属冶炼和压延加工业	16723	5520	19344	6769	1033
金属制品业	50363	11473	44403	23462	1423
通用设备制造业	94708	26137	95738	39289	2525
专用设备制造业	99704	30959	112056	46373	2052
汽车制造业	59718	18235	56453	38435	901
铁路、船舶、航空航天和其他运输设备制造业	31359	14460	40665	8790	906
电气机械和器材制造业	159383	52356	140435	76384	3245
计算机、通信和其他电子设备制造业	191103	104237	333817	96005	1708
仪器仪表制造业	34116	12232	36180	16147	1068
其他制造业	5274	1655	5845	3772	121
废弃资源综合利用业	2698	894	1874	399	49
金属制品、机械和设备修理业	1305	504	1332	125	39
电力、热力、燃气及水生产和供应业	**33357**	**18927**	**35804**	**1629**	**347**
电力、热力生产和供应业	31105	18360	34330	949	312
燃气生产和供应业	725	144	269	211	18
水的生产和供应业	1527	423	1205	469	17

2-7-9 分行业港澳台商投资工业企业自主知识产权及相关情况

行业	专利申请数(件)	#发明专利	有效发明专利数(件)	拥有注册商标数(件)	形成国家或行业标准数(项)
合计	**73083**	**24182**	**104000**	**80502**	**2033**
采矿业	**309**	**154**	**665**	**28**	**1**
煤炭开采和洗选业	21	5	27		
石油和天然气开采业	253	133	474		1
有色金属矿采选业	11		6	1	
非金属矿采选业			8		
开采及其他辅助性活动	24	16	150	27	
制造业	**72005**	**23878**	**102531**	**80395**	**2016**
农副食品加工业	307	99	330	1128	13
食品制造业	771	300	1476	6600	23
酒、饮料和精制茶制造业	189	45	132	4166	5
烟草制品业	13	8	59	2	
纺织业	1933	573	2576	2384	51
纺织服装、服饰业	1239	271	986	1811	111
皮革、毛皮、羽毛及其制品和制鞋业	710	104	426	1480	19
木材加工和木、竹、藤、棕、草制品业	273	65	359	78	56
家具制造业	1096	140	393	534	5
造纸和纸制品业	1438	435	1165	2373	40
印刷和记录媒介复制业	902	215	926	905	63
文教、工美、体育和娱乐用品制造业	2121	291	1680	4014	35
石油加工、炼焦和核燃料加工业	170	84	390	151	15
化学原料和化学制品制造业	2892	1117	4120	7417	111
医药制造业	2095	1575	4610	9584	281
化学纤维制造业	364	83	415	238	35
橡胶和塑料制品业	3498	727	3323	4516	80
非金属矿物制品业	1834	635	2000	964	75
黑色金属冶炼和压延加工业	407	108	349	73	16
有色金属冶炼和压延加工业	856	193	877	520	44
金属制品业	3529	921	4111	2415	120
通用设备制造业	4412	1348	6117	2523	156
专用设备制造业	5645	1811	7371	5364	139
汽车制造业	3377	885	2890	1694	45
铁路、船舶、航空航天和其他运输设备制造业	1193	354	932	1285	29
电气机械和器材制造业	12465	3753	13870	7186	188
计算机、通信和其他电子设备制造业	15665	6999	38419	9088	190
仪器仪表制造业	2013	612	1579	1435	63
其他制造业	378	61	444	444	3
废弃资源综合利用业	141	41	109	7	5
金属制品、机械和设备修理业	79	25	97	16	
电力、热力、燃气及水生产和供应业	**769**	**150**	**804**	**79**	**16**
电力、热力生产和供应业	453	80	571	25	11
燃气生产和供应业	226	54	141	54	5
水的生产和供应业	90	16	92		

2-7-10 分行业外商投资工业企业自主知识产权及相关情况

行　　业	专　利 申请数 (件)	#发明 专利	有　效 发　明 专利数 (件)	拥　有 注　册 商标数 (件)	形成国家 或行业 标准数 (项)
合　计	**88097**	**32558**	**110396**	**72188**	**1502**
采矿业	**345**	**93**	**267**	**25**	**4**
煤炭开采和洗选业	196	54	135	6	
石油和天然气开采业	57	23	30		
黑色金属矿采选业	4		11		
有色金属矿采选业	46	8	69		
非金属矿采选业	40	8	13	19	4
开采及其他辅助性活动	2		9		
制造业	**87155**	**32306**	**109750**	**72155**	**1493**
农副食品加工业	593	154	832	1500	14
食品制造业	683	246	897	5566	26
酒、饮料和精制茶制造业	170	46	178	1482	10
纺织业	942	244	883	1452	14
纺织服装、服饰业	497	59	368	970	3
皮革、毛皮、羽毛及其制品和制鞋业	575	107	303	2939	22
木材加工和木、竹、藤、棕、草制品业	121	28	187	415	13
家具制造业	669	81	596	813	2
造纸和纸制品业	585	107	908	302	7
印刷和记录媒介复制业	380	72	275	106	10
文教、工美、体育和娱乐用品制造业	1249	284	792	2247	14
石油加工、炼焦和核燃料加工业	47	23	90	775	
化学原料和化学制品制造业	2718	1288	4895	7724	192
医药制造业	2781	1536	4190	9487	106
化学纤维制造业	134	44	291	141	22
橡胶和塑料制品业	2659	521	2953	816	54
非金属矿物制品业	1926	600	2492	2213	74
黑色金属冶炼和压延加工业	610	171	510	72	1
有色金属冶炼和压延加工业	697	210	799	294	40
金属制品业	3049	796	3375	1870	81
通用设备制造业	11390	3666	13427	3750	114
专用设备制造业	8105	2932	10781	5935	112
汽车制造业	12481	3556	12135	11188	158
铁路、船舶、航空航天和其他运输设备制造业	1431	344	1641	1117	14
电气机械和器材制造业	12115	3398	13626	3595	213
计算机、通信和其他电子设备制造业	18222	11057	30008	4298	98
仪器仪表制造业	1989	667	2039	972	70
其他制造业	227	54	233	116	5
废弃资源综合利用业	61	7	7		4
金属制品、机械和设备修理业	49	8	39		
电力、热力、燃气及水生产和供应业	**597**	**159**	**379**	**8**	**5**
电力、热力生产和供应业	381	115	119		1
燃气生产和供应业	167	28	179	6	2
水的生产和供应业	49	16	81	2	2

2-7-11 各地区工业企业自主知识产权及相关情况

地 区	专 利 申请数 (件)	#发明专利	有效发明 专 利 数 (件)	拥有注册 商 标 数 (件)	形成国家或 行业标准数 (项)
全 国	**1243927**	**446069**	**1447950**	**973541**	**29297**
东部地区	876306	310691	1049171	703615	18958
中部地区	224409	80957	224902	118706	5235
西部地区	112983	42755	130133	126488	4037
东北地区	30229	11666	43744	24732	1067
北 京	25147	13078	55261	42278	530
天 津	19033	6060	24945	12212	386
河 北	24815	7543	28135	24896	843
山 西	8444	3059	10218	6355	324
内蒙古	5755	2331	5799	12963	382
辽 宁	17790	6252	28788	9584	688
吉 林	6476	2764	6696	9327	203
黑龙江	5963	2650	8260	5821	176
上 海	40630	17544	62147	33085	718
江 苏	196799	62892	224512	89197	3879
浙 江	138589	35319	93159	121037	4355
安 徽	66677	27083	70467	29582	1813
福 建	45774	12934	44702	42842	973
江 西	30838	6949	18715	14311	433
山 东	78928	27413	78926	70113	2949
河 南	38206	9899	36500	24125	915
湖 北	44035	18798	49197	21210	769
湖 南	36209	15169	39805	23123	981
广 东	305665	127497	435509	264739	4300
广 西	7546	2803	8667	6745	326
海 南	926	411	1875	3216	25
重 庆	19736	6300	20650	20127	388
四 川	34536	13439	42114	41368	1097
贵 州	7227	3475	8487	6170	206
云 南	9451	3131	9515	16445	289
西 藏	92	29	185	135	3
陕 西	15187	6445	21932	16011	958
甘 肃	3829	1229	4017	1836	134
青 海	1423	494	1061	1097	63
宁 夏	3774	1408	3126	2002	96
新 疆	4427	1671	4580	1589	95

2-7-12 各地区大型工业企业自主知识产权及相关情况

地　区	专　利 申请数 (件)	#发明专利	有效发明 专利数 (件)	拥有注册 商标数 (件)	形成国家或 行业标准数 (项)
全　国	**398799**	**210081**	**601184**	**362523**	**9883**
东部地区	279127	151281	456447	245816	5862
中部地区	63792	31574	79153	47818	1777
西部地区	44065	21216	49215	58199	1834
东北地区	11815	6010	16369	10690	410
北　京	10325	6491	30434	14939	85
天　津	3181	1746	5560	1440	75
河　北	8646	3206	9206	12891	283
山　西	4113	1718	5367	2916	106
内蒙古	3863	1729	3726	11767	311
辽　宁	5216	2702	8964	2311	212
吉　林	4010	1967	3504	6454	105
黑龙江	2589	1341	3901	1925	93
上　海	13966	8962	25212	13640	221
江　苏	33766	16680	47615	27455	1285
浙　江	32532	11462	24261	29162	1011
安　徽	15788	7507	21361	11059	440
福　建	13371	5925	15677	14046	389
江　西	6731	2330	6489	3951	117
山　东	26549	13022	30310	28602	1015
河　南	11049	3999	10045	10345	312
湖　北	16815	10902	21560	9341	276
湖　南	9296	5118	14331	10206	526
广　东	136315	83539	267767	103441	1491
广　西	3626	1441	2782	1743	173
海　南	476	248	405	200	7
重　庆	5719	2966	6402	6246	111
四　川	12478	6485	16409	20835	448
贵　州	2739	1793	2909	2628	55
云　南	3080	1143	2815	9338	79
西　藏	19	9	82		2
陕　西	6075	2995	8532	3494	523
甘　肃	1683	605	1448	728	35
青　海	902	370	600	656	34
宁　夏	932	419	600	214	14
新　疆	2949	1261	2910	550	49

2-7-13 各地区中型工业企业自主知识产权及相关情况

地区	专利申请数（件）	#发明专利	有效发明专利数（件）	拥有注册商标数（件）	形成国家或行业标准数（项）
全国	**250818**	**86005**	**278673**	**253134**	**8754**
东部地区	181289	61432	198389	191849	5955
中部地区	40078	14200	43415	26712	1455
西部地区	23708	8165	28428	28805	1034
东北地区	5743	2208	8441	5768	310
北京	5758	2942	11136	10756	224
天津	4556	1604	6266	4167	138
河北	4951	1705	5613	5166	227
山西	1657	586	2125	1366	55
内蒙古	1008	279	849	489	15
辽宁	3644	1328	5842	2709	250
吉林	1002	338	1166	1445	24
黑龙江	1097	542	1433	1614	36
上海	8256	3386	13782	7311	175
江苏	42003	16608	48012	23470	1093
浙江	30886	8735	25244	38665	1488
安徽	10570	4663	12494	6620	534
福建	10508	2850	11320	13893	338
江西	4768	1045	2985	2522	137
山东	17348	5764	16942	19439	936
河南	8482	2295	9951	6294	299
湖北	6698	2493	8182	5223	225
湖南	7903	3118	7678	4687	205
广东	56894	17775	59463	67176	1318
广西	1528	457	2017	1999	47
海南	129	63	611	1806	18
重庆	5419	1478	5084	6384	180
四川	6767	2563	8927	11199	307
贵州	1945	853	2283	1381	56
云南	1307	360	1509	2427	91
西藏	40	16	79	115	1
陕西	3239	1330	4727	3399	225
甘肃	817	225	1004	376	57
青海	183	49	201	255	5
宁夏	952	430	1205	407	16
新疆	503	125	543	374	34

2-7-14 各地区国有及国有控股工业企业自主知识产权及相关情况

地区	专利申请数(件)	#发明专利	有效发明专利数(件)	拥有注册商标数(件)	形成国家或行业标准数(项)
全国	**211160**	**110326**	**315689**	**138732**	**7240**
东部地区	98699	56152	177324	60804	2626
中部地区	51941	25828	65810	29537	1867
西部地区	47732	21870	54306	38968	2180
东北地区	12788	6476	18249	9423	567
北京	11610	6785	23293	11373	335
天津	4005	1998	6225	2445	151
河北	5778	2362	6938	1628	217
山西	4612	1985	6465	2582	133
内蒙古	3214	1463	3028	1381	150
辽宁	5743	2903	10588	1735	334
吉林	3979	1935	3192	5681	111
黑龙江	3066	1638	4469	2007	122
上海	12307	7347	25693	7856	278
江苏	18702	11341	24831	8624	603
浙江	4518	2224	5322	2014	123
安徽	11382	5271	16119	7594	545
福建	4568	2257	9297	2717	130
江西	4344	1398	2270	2252	83
山东	16326	7402	21294	9966	499
河南	10191	3977	10085	4294	330
湖北	14502	9379	19455	7065	326
湖南	6910	3818	11416	5750	450
广东	20417	14191	54174	13806	287
广西	2563	942	2949	1789	197
海南	468	245	257	375	3
重庆	5700	2498	6949	6449	187
四川	10392	5484	13953	13195	488
贵州	4281	2472	4562	2069	90
云南	5497	2265	4640	7922	112
西藏	60	23	90	31	2
陕西	8910	4078	12334	4300	761
甘肃	2297	788	2154	814	77
青海	971	380	681	672	31
宁夏	1061	472	817	148	24
新疆	2786	1005	2149	198	61

2-7-15 各地区内资工业企业自主知识产权及相关情况

地　区	专　利申请数（件）	#发明专利	有效发明专利数（件）	拥有注册商标数（件）	形成国家或行业标准数（项）
全　国	**1082747**	**389329**	**1233554**	**820851**	**25762**
东部地区	737631	261663	863600	565550	16038
中部地区	212284	76665	210010	110861	4951
西部地区	105497	40167	120831	121027	3763
东北地区	27335	10834	39113	23413	1010
北　京	20248	10565	39548	29929	479
天　津	16109	5149	20951	10712	333
河　北	23095	7072	25933	19416	770
山　西	8203	2993	10001	6177	316
内蒙古	5570	2288	5597	12940	371
辽　宁	15692	5613	25045	8812	636
吉　林	5852	2628	6047	8940	199
黑龙江	5791	2593	8021	5661	175
上　海	28968	12566	47550	24449	597
江　苏	162900	51598	175570	66255	3262
浙　江	121533	29888	72878	105723	3846
安　徽	62972	25664	65573	28462	1753
福　建	35057	9631	34030	26109	652
江　西	29049	6485	17292	13705	396
山　东	68901	23874	69616	57353	2593
河　南	36396	9452	34669	22359	887
湖　北	41102	17452	44871	19189	719
湖　南	34562	14619	37604	20969	880
广　东	259996	110928	375798	222578	3484
广　西	4750	1766	6931	6103	249
海　南	824	392	1726	3026	22
重　庆	18308	5881	18594	18888	364
四　川	33148	12816	39381	40246	1035
贵　州	7064	3427	8323	5772	206
云　南	8993	2990	8937	15846	232
西　藏	86	27	156	132	3
陕　西	14538	6284	20671	14633	920
甘　肃	3792	1226	3988	1830	134
青　海	1302	455	973	1079	61
宁　夏	3584	1352	2912	1973	95
新　疆	4362	1655	4368	1585	93

2-7-16 各地区港澳台商投资工业企业自主知识产权及相关情况

地　区	专利申请数（件）	#发明专利	有效发明专利数（件）	拥有注册商标数（件）	形成国家或行业标准数（项）
全　国	**73083**	**24182**	**104000**	**80502**	**2033**
东部地区	65726	21783	94530	75059	1741
中部地区	4586	1514	5126	3069	142
西部地区	2105	705	3143	2115	115
东北地区	666	180	1201	259	35
北　京	2653	1425	12827	7404	15
天　津	1151	340	1224	580	36
河　北	518	169	795	2072	35
山　西	67	15	73	147	1
内蒙古	101	20	136	13	11
辽　宁	502	131	999	182	34
吉　林	66	6	101	13	
黑龙江	98	43	101	64	1
上　海	3001	1316	4308	2780	42
江　苏	14582	5520	20397	13502	355
浙　江	7951	2369	11500	7088	297
安　徽	1154	421	1099	599	33
福　建	6522	2082	6371	9658	224
江　西	703	108	494	398	6
山　东	2080	690	2164	2426	133
河　南	738	195	906	291	15
湖　北	801	383	1640	1065	14
湖　南	1123	392	914	569	73
广　东	27189	7854	34838	29470	604
广　西	200	70	386	156	5
海　南	79	18	106	79	
重　庆	453	113	665	310	5
四　川	600	280	751	571	44
贵　州	98	17	46	70	
云　南	308	116	424	152	49
陕　西	276	74	688	824	
甘　肃	17	3	4	4	
青　海	1	1	6	13	
宁　夏	50	11	9	1	
新　疆	1		28	1	1

2-7-17 各地区外商投资工业企业自主知识产权及相关情况

地　区	专　利申请数(件)	#发明专利	有效发明专利数(件)	拥有注册商标数(件)	形成国家或行业标准数(项)
全　国	**88097**	**32558**	**110396**	**72188**	**1502**
东部地区	72949	27245	91041	63006	1179
中部地区	7539	2778	9766	4776	142
西部地区	5381	1883	6159	3346	159
东北地区	2228	652	3430	1060	22
北　京	2246	1088	2886	4945	36
天　津	1773	571	2770	920	17
河　北	1202	302	1407	3408	38
山　西	174	51	144	31	7
内蒙古	84	23	66	10	
辽　宁	1596	508	2744	590	18
吉　林	558	130	548	374	4
黑龙江	74	14	138	96	
上　海	8661	3662	10289	5856	79
江　苏	19317	5774	28545	9440	262
浙　江	9105	3062	8781	8226	212
安　徽	2551	998	3795	521	27
福　建	4195	1221	4301	7075	97
江　西	1086	356	929	208	31
山　东	7947	2849	7146	10334	223
河　南	1072	252	925	1475	13
湖　北	2132	963	2686	956	36
湖　南	524	158	1287	1585	28
广　东	18480	8715	24873	12691	212
广　西	2596	967	1350	486	72
海　南	23	1	43	111	3
重　庆	975	306	1391	929	19
四　川	788	343	1982	551	18
贵　州	65	31	118	328	
云　南	150	25	154	447	8
西　藏	6	2	29	3	
陕　西	373	87	573	554	38
甘　肃	20		25	2	
青　海	120	38	82	5	2
宁　夏	140	45	205	28	1
新　疆	64	16	184	3	1

第二部分

工业企业研发活动情况

8

工业企业政府相关政策落实情况

(2020)

2-8-1　分登记注册类型工业企业政府相关政策落实情况

单位：万元

登记注册类型	研究开发费用加计扣除减免税	高新技术企业减免税
合　计	**17134089**	**16398229**
国有及国有控股	**3089294**	**2690236**
内资企业	**13729623**	**12099271**
国有企业	148941	111387
集体企业	9452	5576
股份合作企业	11116	7219
联营企业	810	456
国有联营企业	102	336
集体联营企业		59
国有与集体联营企业	16	
其他联营企业	692	62
有限责任公司	4715840	3744842
国有独资公司	542342	276859
其他有限责任公司	4173498	3467983
股份有限公司	2366938	2772515
私营企业	6467854	5441398
私营独资企业	23712	40899
私营合伙企业	4544	2497
私营有限责任公司	5312788	3806159
私营股份有限公司	1126809	1591842
其他企业	8671	15879
港、澳、台商投资企业	**1400581**	**1917294**
合资经营企业	513211	677308
合作经营企业	14359	26657
港、澳、台商独资经营企业	676557	938639
港、澳、台商投资股份有限公司	190595	264328
其他港、澳、台投资企业	5858	10362
外商投资企业	**2003886**	**2381663**
中外合资经营企业	961979	1221052
中外合作经营企业	19741	31749
外资企业	834496	956949
外商投资股份有限公司	128630	156606
其他外商投资企业	59040	15307

2-8-2 分登记注册类型大型工业企业政府相关政策落实情况

单位：万元

登记注册类型	研究开发费用加计扣除减免税	高新技术企业减免税
合　计	**7207744**	**7665115**
国有及国有控股	**2114698**	**1667925**
内资企业	**5441991**	**5243059**
国有企业	85058	61817
集体企业	1561	
股份合作企业	447	
联营企业	673	
其他联营企业	673	
有限责任公司	2628676	1829627
国有独资公司	358352	156370
其他有限责任公司	2270325	1673258
股份有限公司	1472994	1670243
私营企业	1244628	1666808
私营独资企业	7201	27240
私营有限责任公司	940565	1002672
私营股份有限公司	296862	636896
其他企业	7955	14563
港、澳、台商投资企业	**704182**	**1123453**
合资经营企业	237167	346011
合作经营企业	5492	16472
港、澳、台商独资经营企业	353712	598121
港、澳、台商投资股份有限公司	106750	157077
其他港、澳、台投资企业	1062	5772
外商投资企业	**1061572**	**1298603**
中外合资经营企业	570276	718798
中外合作经营企业	10823	27599
外资企业	419780	448370
外商投资股份有限公司	54678	99120
其他外商投资企业	6015	4716

2-8-3 分登记注册类型中型工业企业政府相关政策落实情况

单位：万元

登记注册类型	研究开发费用加计扣除减免税	高新技术企业减免税
合　计	**4355167**	**5063874**
国有及国有控股	**594508**	**671887**
内资企业	**3365298**	**3768955**
国有企业	38265	31419
集体企业	3844	4553
股份合作企业	3360	3275
联营企业		
国有与集体联营企业		
有限责任公司	1029764	1142610
国有独资公司	108541	88979
其他有限责任公司	921223	1053632
股份有限公司	585705	824507
私营企业	1704212	1761524
私营独资企业	3303	7986
私营合伙企业	1685	1345
私营有限责任公司	1286628	1121782
私营股份有限公司	412595	630411
其他企业	148	1067
港、澳、台商投资企业	**424459**	**569275**
合资经营企业	170086	236805
合作经营企业	2260	1958
港、澳、台商独资经营企业	185295	234580
港、澳、台商投资股份有限公司	64047	94606
其他港、澳、台投资企业	2772	1326
外商投资企业	**565410**	**725644**
中外合资经营企业	243955	353958
中外合作经营企业	5115	1446
外资企业	216101	327483
外商投资股份有限公司	54250	34329
其他外商投资企业	45989	8429

2-8-4　分行业工业企业政府相关政策落实情况

单位：万元

行　　业	研究开发费用加计扣除减免税	高新技术企业减免税
合　计	**17134089**	**16398229**
采矿业	**312547**	**212846**
煤炭开采和洗选业	123907	52678
石油和天然气开采业	124117	28629
黑色金属矿采选业	10431	41189
有色金属矿采选业	23006	63472
非金属矿采选业	13141	16122
开采及其他辅助性活动	16487	10509
其他采矿业	1458	247
制造业	**16687858**	**16024191**
农副食品加工业	203968	118976
食品制造业	192065	244364
酒、饮料和精制茶制造业	71747	50185
烟草制品业	1258	10779
纺织业	243657	208562
纺织服装、服饰业	85209	41360
皮革、毛皮、羽毛及其制品和制鞋业	46495	31716
木材加工和木、竹、藤、棕、草制品业	50924	40536
家具制造业	100554	93312
造纸和纸制品业	157812	245111
印刷和记录媒介复制业	108547	121262
文教、工美、体育和娱乐用品制造业	130223	73211
石油加工、炼焦和核燃料加工业	115482	82339
化学原料和化学制品制造业	1027868	1378012
医药制造业	1107671	1804536
化学纤维制造业	102257	61594
橡胶和塑料制品业	496670	501230
非金属矿物制品业	626752	642360
黑色金属冶炼和压延加工业	497966	554382
有色金属冶炼和压延加工业	383798	346743
金属制品业	571380	430519
通用设备制造业	1166397	1196898
专用设备制造业	1230871	1381220
汽车制造业	1454465	1163801
铁路、船舶、航空航天和其他运输设备制造业	457598	446211
电气机械和器材制造业	1767060	2198103
计算机、通信和其他电子设备制造业	3714269	2052118
仪器仪表制造业	438665	422549
其他制造业	72280	26986
废弃资源综合利用业	33905	32999
金属制品、机械和设备修理业	30050	22220
电力、热力、燃气及水生产和供应业	**133684**	**161192**
电力、热力生产和供应业	100984	93318
燃气生产和供应业	16376	45416
水的生产和供应业	16324	22459

2-8-5 分行业大型工业企业政府相关政策落实情况

单位：万元

行　业	研究开发费用加计扣除减免税	高新技术企业减免税
合　计	**7207744**	**7665115**
采矿业	**243445**	**83102**
煤炭开采和洗选业	94392	39263
石油和天然气开采业	117114	4187
黑色金属矿采选业	6871	14473
有色金属矿采选业	9652	21035
非金属矿采选业	1688	652
开采及其他辅助性活动	13729	3492
制造业	**6925595**	**7535157**
农副食品加工业	32407	32129
食品制造业	55916	127581
酒、饮料和精制茶制造业	24626	25659
烟草制品业	247	3501
纺织业	42527	53759
纺织服装、服饰业	25324	13883
皮革、毛皮、羽毛及其制品和制鞋业	12223	18896
木材加工和木、竹、藤、棕、草制品业	3556	12614
家具制造业	37682	61661
造纸和纸制品业	46760	157283
印刷和记录媒介复制业	11795	16027
文教、工美、体育和娱乐用品制造业	24966	19696
石油加工、炼焦和核燃料加工业	73381	56080
化学原料和化学制品制造业	194141	308950
医药制造业	400592	766644
化学纤维制造业	52004	37522
橡胶和塑料制品业	109196	169930
非金属矿物制品业	102391	198080
黑色金属冶炼和压延加工业	406668	466696
有色金属冶炼和压延加工业	148179	205969
金属制品业	123634	135766
通用设备制造业	303901	443301
专用设备制造业	330747	504639
汽车制造业	820420	668714
铁路、船舶、航空航天和其他运输设备制造业	237150	312723
电气机械和器材制造业	726150	1333072
计算机、通信和其他电子设备制造业	2457491	1262713
仪器仪表制造业	74548	96153
其他制造业	37008	7138
废弃资源综合利用业	1507	3450
金属制品、机械和设备修理业	8462	14928
电力、热力、燃气及水生产和供应业	**38705**	**46856**
电力、热力生产和供应业	32059	14111
燃气生产和供应业	4354	29062
水的生产和供应业	2291	3683

2-8-6 分行业中型工业企业政府相关政策落实情况

单位：万元

行　业	研究开发费用加计扣除减免税	高新技术企业减免税
合　计	**4355167**	**5063874**
采矿业	**41768**	**77481**
煤炭开采和洗选业	24973	12032
石油和天然气开采业	93	
黑色金属矿采选业	1624	23538
有色金属矿采选业	8947	32840
非金属矿采选业	2641	2856
开采及其他辅助性活动	2031	5968
其他采矿业	1458	247
制造业	**4283279**	**4942597**
农副食品加工业	38254	36062
食品制造业	54237	50451
酒、饮料和精制茶制造业	18843	15371
烟草制品业	797	6195
纺织业	93149	85549
纺织服装、服饰业	32166	21033
皮革、毛皮、羽毛及其制品和制鞋业	12115	9434
木材加工和木、竹、藤、棕、草制品业	19612	17791
家具制造业	32372	21003
造纸和纸制品业	54208	66972
印刷和记录媒介复制业	43367	69734
文教、工美、体育和娱乐用品制造业	47953	32605
石油加工、炼焦和核燃料加工业	14953	13853
化学原料和化学制品制造业	336906	559275
医药制造业	434649	718827
化学纤维制造业	26088	15137
橡胶和塑料制品业	141439	170036
非金属矿物制品业	216634	235968
黑色金属冶炼和压延加工业	47227	73677
有色金属冶炼和压延加工业	115749	83973
金属制品业	165693	161659
通用设备制造业	323627	411677
专用设备制造业	321699	459799
汽车制造业	343846	324156
铁路、船舶、航空航天和其他运输设备制造业	117352	71741
电气机械和器材制造业	463619	561082
计算机、通信和其他电子设备制造业	601288	471598
仪器仪表制造业	133835	161639
其他制造业	8433	6628
废弃资源综合利用业	7897	6246
金属制品、机械和设备修理业	15273	3429
电力、热力、燃气及水生产和供应业	**30120**	**43796**
电力、热力生产和供应业	22833	32030
燃气生产和供应业	4007	7587
水的生产和供应业	3280	4179

2-8-7　分行业国有及国有控股工业企业政府相关政策落实情况

单位：万元

行　　业	研究开发费用加计扣除减免税	高新技术企业减免税
合　计	**3089294**	**2690236**
采矿业	**236199**	**134531**
煤炭开采和洗选业	97867	43025
石油和天然气开采业	95534	4677
黑色金属矿采选业	6428	19932
有色金属矿采选业	17311	52850
非金属矿采选业	2812	8498
开采及其他辅助性活动	14789	5303
其他采矿业	1458	247
制造业	**2769994**	**2475598**
农副食品加工业	6700	2896
食品制造业	8977	24717
酒、饮料和精制茶制造业	16438	20527
烟草制品业	348	6714
纺织业	12398	18466
纺织服装、服饰业	3874	1401
皮革、毛皮、羽毛及其制品和制鞋业	1974	4151
木材加工和木、竹、藤、棕、草制品业	1405	95
家具制造业	5304	4600
造纸和纸制品业	7408	11941
印刷和记录媒介复制业	6475	18445
文教、工美、体育和娱乐用品制造业	3712	3524
石油加工、炼焦和核燃料加工业	37349	18543
化学原料和化学制品制造业	145730	204221
医药制造业	113285	265265
化学纤维制造业	7770	2700
橡胶和塑料制品业	30970	16082
非金属矿物制品业	80289	114832
黑色金属冶炼和压延加工业	262404	204151
有色金属冶炼和压延加工业	92974	120660
金属制品业	71799	34623
通用设备制造业	180424	183369
专用设备制造业	171779	115029
汽车制造业	561631	410081
铁路、船舶、航空航天和其他运输设备制造业	266306	244235
电气机械和器材制造业	149305	163274
计算机、通信和其他电子设备制造业	411346	200454
仪器仪表制造业	48959	35754
其他制造业	39407	9238
废弃资源综合利用业	3108	4987
金属制品、机械和设备修理业	20146	10620
电力、热力、燃气及水生产和供应业	**83101**	**80108**
电力、热力生产和供应业	68269	55404
燃气生产和供应业	5723	11534
水的生产和供应业	9110	13169

2-8-8　分行业内资工业企业政府相关政策落实情况

单位：万元

行　业	研究开发费用加计扣除减免税	高新技术企业减免税
合　计	**13729623**	**12099271**
采矿业	**277308**	**173379**
煤炭开采和洗选业	120024	52215
石油和天然气开采业	96189	5138
黑色金属矿采选业	9939	37154
有色金属矿采选业	21392	59389
非金属矿采选业	12243	12761
开采及其他辅助性活动	16064	6476
其他采矿业	1458	247
制造业	**13334749**	**11825414**
农副食品加工业	184046	97055
食品制造业	141031	130978
酒、饮料和精制茶制造业	58095	45297
烟草制品业	1258	10779
纺织业	198663	140958
纺织服装、服饰业	64290	32136
皮革、毛皮、羽毛及其制品和制鞋业	33793	19323
木材加工和木、竹、藤、棕、草制品业	46015	38280
家具制造业	79563	67281
造纸和纸制品业	105836	96810
印刷和记录媒介复制业	85105	81477
文教、工美、体育和娱乐用品制造业	94214	52114
石油加工、炼焦和核燃料加工业	107723	77973
化学原料和化学制品制造业	876980	1127206
医药制造业	816016	1373564
化学纤维制造业	82892	49598
橡胶和塑料制品业	407807	342518
非金属矿物制品业	550744	536963
黑色金属冶炼和压延加工业	446947	478200
有色金属冶炼和压延加工业	343434	302296
金属制品业	479020	330455
通用设备制造业	919392	817717
专用设备制造业	1031344	1081268
汽车制造业	843234	517261
铁路、船舶、航空航天和其他运输设备制造业	406993	333578
电气机械和器材制造业	1431898	1786255
计算机、通信和其他电子设备制造业	3018951	1474613
仪器仪表制造业	366573	324079
其他制造业	64151	23387
废弃资源综合利用业	27708	23458
金属制品、机械和设备修理业	21033	12538
电力、热力、燃气及水生产和供应业	**117567**	**100478**
电力、热力生产和供应业	94279	63557
燃气生产和供应业	9040	15766
水的生产和供应业	14248	21155

2-8-9 分行业港澳台商投资工业企业政府相关政策落实情况

单位：万元

行　　业	研究开发费用加计扣除减免税	高新技术企业减免税
合　计	**1400581**	**1917294**
采矿业	**24526**	**8940**
煤炭开采和洗选业	300	
石油和天然气开采业	22905	490
黑色金属矿采选业	488	4035
有色金属矿采选业	660	4083
非金属矿采选业	35	150
开采及其他辅助性活动	139	182
制造业	**1368892**	**1875545**
农副食品加工业	8801	9494
食品制造业	22210	47669
酒、饮料和精制茶制造业	4826	1942
纺织业	28667	43683
纺织服装、服饰业	13373	6319
皮革、毛皮、羽毛及其制品和制鞋业	7026	3454
木材加工和木、竹、藤、棕、草制品业	2993	1727
家具制造业	12889	16557
造纸和纸制品业	29867	104124
印刷和记录媒介复制业	18213	23443
文教、工美、体育和娱乐用品制造业	21640	16134
石油加工、炼焦和核燃料加工业	4227	651
化学原料和化学制品制造业	65940	93971
医药制造业	140733	280582
化学纤维制造业	13135	8374
橡胶和塑料制品业	47749	84338
非金属矿物制品业	51148	81578
黑色金属冶炼和压延加工业	16710	37623
有色金属冶炼和压延加工业	14608	17138
金属制品业	56761	56206
通用设备制造业	75908	125141
专用设备制造业	75131	124895
汽车制造业	83960	126416
铁路、船舶、航空航天和其他运输设备制造业	15862	32445
电气机械和器材制造业	168078	199482
计算机、通信和其他电子设备制造业	316760	280448
仪器仪表制造业	34484	40196
其他制造业	4510	2588
废弃资源综合利用业	4817	8339
金属制品、机械和设备修理业	7870	587
电力、热力、燃气及水生产和供应业	**7163**	**32809**
电力、热力生产和供应业	3216	8765
燃气生产和供应业	2525	22765
水的生产和供应业	1422	1280

2-8-10　分行业外商投资工业企业政府相关政策落实情况

单位：万元

行　　业	研究开发费用加计扣除减免税	高新技术企业减免税
合　计	**2003886**	**2381663**
采矿业	**10713**	**30527**
煤炭开采和洗选业	3583	464
石油和天然气开采业	5024	23001
黑色金属矿采选业	3	
有色金属矿采选业	955	
非金属矿采选业	863	3211
开采及其他辅助性活动	285	3851
制造业	**1984218**	**2323232**
农副食品加工业	11121	12426
食品制造业	28823	65717
酒、饮料和精制茶制造业	8826	2946
纺织业	16327	23921
纺织服装、服饰业	7547	2904
皮革、毛皮、羽毛及其制品和制鞋业	5676	8939
木材加工和木、竹、藤、棕、草制品业	1916	530
家具制造业	8102	9475
造纸和纸制品业	22108	44176
印刷和记录媒介复制业	5229	16343
文教、工美、体育和娱乐用品制造业	14369	4963
石油加工、炼焦和核燃料加工业	3532	3715
化学原料和化学制品制造业	84948	156835
医药制造业	150922	150390
化学纤维制造业	6230	3622
橡胶和塑料制品业	41114	74374
非金属矿物制品业	24860	23819
黑色金属冶炼和压延加工业	34309	38559
有色金属冶炼和压延加工业	25756	27310
金属制品业	35599	43858
通用设备制造业	171096	254039
专用设备制造业	124396	175057
汽车制造业	527271	520124
铁路、船舶、航空航天和其他运输设备制造业	34744	80188
电气机械和器材制造业	167085	212366
计算机、通信和其他电子设备制造业	378558	297057
仪器仪表制造业	37608	58274
其他制造业	3619	1011
废弃资源综合利用业	1381	1202
金属制品、机械和设备修理业	1147	9095
电力、热力、燃气及水生产和供应业	**8955**	**27904**
电力、热力生产和供应业	3489	20996
燃气生产和供应业	4811	6885
水的生产和供应业	654	24

2-8-11 各地区工业企业政府相关政策落实情况

单位：万元

地 区	研究开发费用加计扣除减免税	高新技术企业减免税
全 国	**17134089**	**16398229**
东部地区	11802235	12089846
中部地区	3310274	2794847
西部地区	1488173	879775
东北地区	533408	633762
北 京	296824	584624
天 津	177894	253056
河 北	375359	648831
山 西	165777	105309
内 蒙 古	96331	136153
辽 宁	307231	391999
吉 林	120332	169396
黑 龙 江	105845	72366
上 海	1145692	780977
江 苏	2124486	2630028
浙 江	2155527	2024991
安 徽	830836	669436
福 建	368454	467447
江 西	471759	455961
山 东	1299946	1271112
河 南	466700	403867
湖 北	625125	448058
湖 南	750076	712216
广 东	3832335	3397703
广 西	191148	105713
海 南	25719	31077
重 庆	247931	64988
四 川	336648	201019
贵 州	61138	49240
云 南	85747	66253
西 藏	1184	
陕 西	272632	142792
甘 肃	62960	32763
青 海	17755	6372
宁 夏	55010	15674
新 疆	59690	58807

2-8-12　各地区大型工业企业政府相关政策落实情况

单位：万元

地　　区	研究开发费用 加计扣除减免税	高新技术 企业减免税
全　　国	**7207744**	**7665115**
东部地区	5089386	5633189
中部地区	1236989	1351272
西部地区	645271	375440
东北地区	236099	305214
北　　京	93589	175875
天　　津	67935	112631
河　　北	164554	349617
山　　西	102681	54524
内 蒙 古	65571	90042
辽　　宁	118120	191103
吉　　林	60317	90213
黑 龙 江	57662	23898
上　　海	559888	274152
江　　苏	776303	1084627
浙　　江	572583	716822
安　　徽	247672	309344
福　　建	176336	275578
江　　西	177151	223128
山　　东	567965	689783
河　　南	230472	217368
湖　　北	255572	172035
湖　　南	223442	374874
广　　东	2107911	1944829
广　　西	112851	51892
海　　南	2323	9277
重　　庆	112654	24495
四　　川	110958	49974
贵　　州	16025	19712
云　　南	12379	26341
西　　藏		
陕　　西	126136	59135
甘　　肃	33374	11626
青　　海	6304	2690
宁　　夏	16166	3128
新　　疆	32853	36406

2-8-13 各地区中型工业企业政府相关政策落实情况

单位：万元

地区	研究开发费用加计扣除减免税	高新技术企业减免税
全国	**4355167**	**5063874**
东部地区	2984748	3798984
中部地区	836687	778278
西部地区	413434	297555
东北地区	120298	189058
北京	92097	245762
天津	55582	73937
河北	92018	182147
山西	35195	34027
内蒙古	23606	32312
辽宁	71964	110219
吉林	31051	46916
黑龙江	17283	31923
上海	283132	258431
江苏	583067	847618
浙江	646354	798198
安徽	207577	171900
福建	107039	132857
江西	112866	92120
山东	325879	368490
河南	114785	108262
湖北	167879	171149
湖南	198385	200820
广东	788299	875139
广西	44649	34557
海南	11281	16406
重庆	69246	22764
四川	107968	99321
贵州	23155	17670
云南	19763	21657
西藏	613	
陕西	64827	30383
甘肃	11923	14370
青海	8936	2663
宁夏	21085	8409
新疆	17665	13451

2-8-14 各地区国有及国有控股工业企业政府相关政策落实情况

单位：万元

地 区	研究开发费用加计扣除减免税	高新技术企业减免税
全 国	**3089294**	**2690236**
东部地区	1456271	1507468
中部地区	837799	686307
西部地区	599206	322879
东北地区	196019	173582
北 京	107658	203835
天 津	50187	37568
河 北	71662	108034
山 西	96010	36460
内蒙古	36542	73823
辽 宁	86439	85954
吉 林	47149	63327
黑龙江	62431	24300
上 海	422560	198446
江 苏	201549	229090
浙 江	154827	73971
安 徽	162678	126662
福 建	55423	43286
江 西	82903	117440
山 东	225764	214103
河 南	137797	92513
湖 北	231222	130955
湖 南	127189	182277
广 东	164110	396972
广 西	84289	32368
海 南	2532	2165
重 庆	102600	8819
四 川	116169	74290
贵 州	22931	27897
云 南	26325	34960
西 藏	436	
陕 西	140797	55602
甘 肃	25573	8386
青 海	5263	1492
宁 夏	17864	2891
新 疆	20419	2350

2-8-15 各地区内资工业企业政府相关政策落实情况

单位：万元

地 区	研究开发费用加计扣除减免税	高新技术企业减免税
全 国	**13729623**	**12099271**
东部地区	8963264	8352626
中部地区	2974805	2443947
西部地区	1333214	803905
东北地区	458340	498792
北 京	232398	382656
天 津	133418	155904
河 北	314799	493076
山 西	153204	92051
内 蒙 古	83646	135252
辽 宁	257014	293301
吉 林	100171	135919
黑 龙 江	101155	69573
上 海	574256	421799
江 苏	1537641	1720808
浙 江	1789403	1571798
安 徽	772996	587143
福 建	261334	271600
江 西	416174	416796
山 东	1066869	1005356
河 南	416861	370677
湖 北	545120	369316
湖 南	670450	607965
广 东	3034041	2302484
广 西	137057	80420
海 南	19107	27145
重 庆	210569	57400
四 川	316263	188549
贵 州	58383	41276
云 南	80539	59913
西 藏	1184	
陕 西	254998	134760
甘 肃	62905	29344
青 海	14854	4553
宁 夏	54083	15674
新 疆	58735	56765

2-8-16 各地区港澳台商投资工业企业政府相关政策落实情况

单位：万元

地区	研究开发费用加计扣除减免税	高新技术企业减免税
全国	**1400581**	**1917294**
东部地区	1197379	1683469
中部地区	138450	155979
西部地区	38927	16252
东北地区	25825	61595
北京	17030	58516
天津	24434	32691
河北	24231	95830
山西	1406	719
内蒙古	4382	482
辽宁	19971	53427
吉林	2537	6052
黑龙江	3317	2116
上海	114646	115454
江苏	255128	398619
浙江	156682	221133
安徽	16543	22089
福建	72024	142882
江西	24584	19757
山东	80354	108085
河南	31930	21005
湖北	26796	24415
湖南	37192	67994
广东	448265	506525
广西	5933	3043
海南	4586	3735
重庆	8146	2150
四川	6983	3908
贵州	1977	988
云南	3310	1714
陕西	7819	547
甘肃		3420
青海		
宁夏	364	
新疆	13	

2-8-17 各地区外商投资工业企业政府相关政策落实情况

单位：万元

地　　区	研究开发费用 加计扣除减免税	高新技术 企业减免税
全　　国	**2003886**	**2381663**
东部地区	1641592	2053751
中部地区	197019	194920
西部地区	116031	59617
东北地区	49243	73375
北　　京	47397	143453
天　　津	20043	64461
河　　北	36328	59925
山　　西	11167	12539
内 蒙 古	8303	420
辽　　宁	30246	45272
吉　　林	17624	27426
黑 龙 江	1373	678
上　　海	456790	243724
江　　苏	331718	510602
浙　　江	209442	232059
安　　徽	41297	60204
福　　建	35096	52965
江　　西	31001	19408
山　　东	152723	157671
河　　南	17909	12185
湖　　北	53210	54327
湖　　南	42435	36257
广　　东	350030	588694
广　　西	48157	22250
海　　南	2025	197
重　　庆	29216	5438
四　　川	13402	8563
贵　　州	778	6977
云　　南	1898	4625
陕　　西	9815	7486
甘　　肃	55	
青　　海	2902	1818
宁　　夏	563	
新　　疆	942	2042

第二部分

工业企业研发活动情况

9

工业企业技术获取和技术改造情况

(2020)

2-9-1　分登记注册类型工业企业技术获取和技术改造情况

单位：万元

登记注册类型	引进技术经费支出	消化吸收经费支出	购买境内技术经费支出	技术改造经费支出
合　计	**4599504**	**755939**	**4567145**	**35166780**
国有及国有控股	**1917649**	**581535**	**1446054**	**17913148**
内资企业	**2189507**	**173486**	**4042206**	**29275188**
国有企业	226		97631	786129
集体企业				2716
股份合作企业			80	10522
联营企业				5
其他联营企业				5
有限责任公司	476197	120529	1094887	13749079
国有独资公司	185420	4890	96583	4378059
其他有限责任公司	290777	115639	998303	9371020
股份有限公司	211480	23372	607742	7771771
私营企业	1501017	29585	2237887	6949275
私营独资企业	297	154	2146	33310
私营合伙企业			1009	7061
私营有限责任公司	1450548	14534	2039923	5709270
私营股份有限公司	50173	14897	194809	1199634
其他企业	587		3978	5691
港、澳、台商投资企业	**82634**	**5964**	**227371**	**2226357**
合资经营企业	15516	1300	54322	576900
合作经营企业	3305		2206	16905
港、澳、台商独资经营企业	48184	2437	153862	1352962
港、澳、台商投资股份有限公司	8161	2227	16565	263209
其他港、澳、台投资企业	7468		416	16382
外商投资企业	**2327363**	**576489**	**297569**	**3665235**
中外合资经营企业	1935357	556269	188769	2687123
中外合作经营企业	1773		1965	22876
外资企业	355650	20220	83042	780183
外商投资股份有限公司	34153		23792	139456
其他外商投资企业	430			35599

2-9-2　分登记注册类型大型工业企业技术获取和技术改造情况

单位：万元

登记注册类型	引进技术经费支出	消化吸收经费支出	购买境内技术经费支出	技术改造经费支出
合　计	**4055245**	**628134**	**3440785**	**25084801**
国有及国有控股	**1817288**	**569116**	**899622**	**15625706**
内资企业	**1981283**	**75859**	**3042618**	**20750230**
国有企业	164		91035	686849
股份合作企业				100
有限责任公司	372305	39778	534532	10595078
国有独资公司	147180	3835	67768	4032782
其他有限责任公司	225125	35943	466764	6562296
股份有限公司	188936	20130	488537	6857643
私营企业	1419291	15951	1924535	2604870
私营独资企业				5083
私营有限责任公司	1399138	10324	1782087	2026236
私营股份有限公司	20153	5627	142449	573550
其他企业	587		3978	5691
港、澳、台商投资企业	**46352**	**2257**	**170426**	**1373429**
合资经营企业	13257	942	36865	213481
合作经营企业				229
港、澳、台商独资经营企业	33096	394	128578	963690
港、澳、台商投资股份有限公司		921	4982	194029
其他港、澳、台投资企业				2000
外商投资企业	**2027610**	**550018**	**227742**	**2961142**
中外合资经营企业	1789344	538752	159615	2323558
中外合作经营企业	1773		1890	20039
外资企业	217465	11267	43625	466922
外商投资股份有限公司	19028		22613	117770
其他外商投资企业				32853

2-9-3 分登记注册类型中型工业企业技术获取和技术改造情况

单位：万元

登记注册类型	引进技术经费支出	消化吸收经费支出	购买境内技术经费支出	技术改造经费支出
合 计	**374607**	**42960**	**668042**	**5754538**
国有及国有控股	**37760**	**11500**	**346031**	**1495436**
内资企业	**115284**	**17351**	**580727**	**4590881**
国有企业	14		5031	74741
集体企业				1399
股份合作企业				3833
有限责任公司	38549	5066	328226	1862256
国有独资公司	4851	514	16769	162027
其他有限责任公司	33698	4552	311458	1700229
股份有限公司	17385	3242	96041	732295
私营企业	59336	9043	151429	1916358
私营独资企业			598	2687
私营合伙企业				653
私营有限责任公司	40155	980	117544	1500128
私营股份有限公司	19181	8063	33286	412890
港、澳、台商投资企业	**23801**	**2789**	**41324**	**627104**
合资经营企业	1139	162	13322	280430
合作经营企业	1709		2156	9012
港、澳、台商独资经营企业	12791	1321	15282	270940
港、澳、台商投资股份有限公司	8161	1306	10564	66167
其他港、澳、台投资企业				556
外商投资企业	**235523**	**22820**	**45992**	**536552**
中外合资经营企业	118802	15797	19489	295600
中外合作经营企业				2149
外资企业	101596	7024	26085	224476
外商投资股份有限公司	15125		419	12583
其他外商投资企业				1744

2-9-4 分行业工业企业技术获取和技术改造情况

单位：万元

行业	引进技术经费支出	消化吸收经费支出	购买境内技术经费支出	技术改造经费支出
合 计	**4599504**	**755939**	**4567145**	**35166780**
采矿业	**17289**	**3323**	**15438**	**1067113**
煤炭开采和洗选业	17123	3174	6525	813990
石油和天然气开采业		149	6442	41900
黑色金属矿采选业			1253	43751
有色金属矿采选业			650	121279
非金属矿采选业			568	30731
开采辅助活动	166			15461
制造业	**4574083**	**752616**	**4486089**	**32116034**
农副食品加工业	3096	51	15406	268227
食品制造业	42549	17436	108853	403750
酒、饮料和精制茶制造业	2147	1095	22176	241463
烟草制品业	4561	22	89123	814583
纺织业	8189	519	26048	319469
纺织服装、服饰业	1212	2235	5888	52166
皮革、毛皮、羽毛及其制品和制鞋业	10	293	1150	36539
木材加工和木、竹、藤、棕、草制品业	87	3	1825	71477
家具制造业	406		3451	117156
造纸和纸制品业	3106	2837	3924	268646
印刷和记录媒介复制业	1712	4	10700	181365
文教、工美、体育和娱乐用品制造业	4231	3306	13487	126536
石油加工、炼焦和核燃料加工业	42799	376	20370	1640285
化学原料和化学制品制造业	54468	3853	79326	2137603
医药制造业	66611	26209	234589	1077921
化学纤维制造业	2284	177	6571	143000
橡胶和塑料制品业	78480	3700	40256	926383
非金属矿物制品业	8714	1014	75606	897206
黑色金属冶炼和压延加工业	84191	7655	436147	8286224
有色金属冶炼和压延加工业	14676	107	43854	1179956
金属制品业	20812	2757	45738	687134
通用设备制造业	176831	24520	83296	1081110
专用设备制造业	90622	6215	51786	805804
汽车制造业	1921915	551617	322569	3129972
铁路、船舶、航空航天和其他运输设备制造业	196208	1913	360492	1082037
电气机械和器材制造业	119749	7360	362237	1649674
计算机、通信和其他电子设备制造业	1611336	87239	1983215	3950781
仪器仪表制造业	12922	94	25401	270564
其他制造业	12	12	10147	215894
废弃资源综合利用业			1278	46290
金属制品、机械和设备修理业	148		1183	6821
电力、热力、燃气及水生产和供应业	**8132**		**65617**	**1983633**
电力、热力生产和供应业	8092		65315	1679183
燃气生产和供应业	40		284	91199
水的生产和供应业			19	213251

2-9-5 分行业大型工业企业技术获取和技术改造情况

单位：万元

行业	引进技术经费支出	消化吸收经费支出	购买境内技术经费支出	技术改造经费支出
合计	**4055245**	**628134**	**3440785**	**25084801**
采矿业	**17098**	**3323**	**13162**	**975005**
煤炭开采和洗选业	17098	3174	4964	788517
石油和天然气开采业		149	6442	40044
黑色金属矿采选业			1105	37923
有色金属矿采选业			650	97143
非金属矿采选业				10378
开采辅助活动				1000
制造业	**4037493**	**624811**	**3392653**	**22953312**
农副食品加工业			3705	40953
食品制造业	39159	17018	94983	246094
酒、饮料和精制茶制造业	2059	815	13710	163726
烟草制品业	4561	22	89094	807397
纺织业	2998	351	7509	69244
纺织服装、服饰业	811	1885	2795	20239
皮革、毛皮、羽毛及其制品和制鞋业			4	3337
木材加工和木、竹、藤、棕、草制品业			895	895
家具制造业			207	65669
造纸和纸制品业	2866	2829	1659	84735
印刷和记录媒介复制业	2		4143	41222
文教、工美、体育和娱乐用品制造业	292	1572	6136	38393
石油加工、炼焦和核燃料加工业	42777	376	19239	1565856
化学原料和化学制品制造业	36325	1690	33723	1220327
医药制造业	63928	26032	156228	500276
化学纤维制造业	1329	126	4362	93655
橡胶和塑料制品业	55427	3162	6761	545589
非金属矿物制品业	27	487	2590	267988
黑色金属冶炼和压延加工业	61101	7655	264368	7841684
有色金属冶炼和压延加工业	12345	30	35726	958333
金属制品业	516	892	8449	280702
通用设备制造业	95146	18144	46752	474539
专用设备制造业	733	921	15424	340543
汽车制造业	1835349	531871	278868	2427789
铁路、船舶、航空航天和其他运输设备制造业	155100	1540	136240	823479
电气机械和器材制造业	55490	6146	290409	928604
计算机、通信和其他电子设备制造业	1559277	1252	1851852	2753785
仪器仪表制造业	9874		6790	137611
其他制造业			9395	198508
废弃资源综合利用业				9314
金属制品、机械和设备修理业			636	2828
电力、热力、燃气及水生产和供应业	**654**		**34971**	**1156485**
电力、热力生产和供应业	654		34971	903482
燃气生产和供应业				65664
水的生产和供应业				187339

2-9-6 分行业中型工业企业技术获取和技术改造情况

单位：万元

行 业	引进技术经费支出	消化吸收经费支出	购买境内技术经费支出	技术改造经费支出
合 计	**374607**	**42960**	**668042**	**5754538**
采矿业			**792**	**64214**
煤炭开采和洗选业			719	18531
黑色金属矿采选业			73	2957
有色金属矿采选业				17886
非金属矿采选业				10397
开采辅助活动				14443
制造业	**374568**	**42960**	**645519**	**5119079**
农副食品加工业	2558		6102	100737
食品制造业	3072	300	10314	66818
酒、饮料和精制茶制造业	65	272	7859	46687
烟草制品业				1981
纺织业	4385	147	9919	145099
纺织服装、服饰业	234	350	943	18263
皮革、毛皮、羽毛及其制品和制鞋业		292	805	15370
木材加工和木、竹、藤、棕、草制品业			332	30162
家具制造业			2449	38495
造纸和纸制品业		4	1104	117177
印刷和记录媒介复制业	1709		3052	64589
文教、工美、体育和娱乐用品制造业	3466	1236	3865	47953
石油加工、炼焦和核燃料加工业			978	52549
化学原料和化学制品制造业	5680	402	21479	558947
医药制造业	1902	165	41621	338011
化学纤维制造业	781		56	36593
橡胶和塑料制品业	11796	118	23364	170326
非金属矿物制品业	6328	31	59898	365160
黑色金属冶炼和压延加工业	3714		17933	133989
有色金属冶炼和压延加工业	2001	77	1482	127928
金属制品业	18768	1695	26448	216369
通用设备制造业	68560	4443	21373	338312
专用设备制造业	75463	4242	12259	215309
汽车制造业	63936	18832	26314	463510
铁路、船舶、航空航天和其他运输设备制造业	6567	338	218361	128321
电气机械和器材制造业	59391	768	52184	442283
计算机、通信和其他电子设备制造业	33038	9152	63182	743257
仪器仪表制造业	1156	94	10645	73805
其他制造业			181	9209
废弃资源综合利用业			668	10109
金属制品、机械和设备修理业			350	1763
电力、热力、燃气及水生产和供应业	**40**		**21732**	**571245**
电力、热力生产和供应业			21455	545941
燃气生产和供应业	40		262	17279
水的生产和供应业			15	8025

2-9-7 分行业国有及国有控股工业企业技术获取和技术改造情况

单位：万元

行　业	引进技术经费支出	消化吸收经费支出	购买境内技术经费支出	技术改造经费支出
合　计	**1917649**	**581535**	**1446054**	**17913148**
采矿业	**17098**	**3323**	**14488**	**998678**
煤炭开采和洗选业	17098	3174	6291	773035
石油和天然气开采业		149	6442	39416
黑色金属矿采选业			1105	40705
有色金属矿采选业			650	115203
非金属矿采选业				14877
开采辅助活动				15443
制造业	**1899685**	**578212**	**1369990**	**15094515**
农副食品加工业			4498	33543
食品制造业		83	570	38632
酒、饮料和精制茶制造业	65	262	7295	121570
烟草制品业	4561	22	89094	813485
纺织业	550		1488	21489
纺织服装、服饰业	811	1885	3092	6312
皮革、毛皮、羽毛及其制品和制鞋业				793
木材加工和木、竹、藤、棕、草制品业			133	3745
家具制造业				353
造纸和纸制品业			31	25054
印刷和记录媒介复制业			3557	34033
文教、工美、体育和娱乐用品制造业	292	1572		604
石油加工、炼焦和核燃料加工业	19358	101	14783	1358240
化学原料和化学制品制造业	24413	1690	52328	917408
医药制造业	3992	21291	36822	90205
化学纤维制造业	81		52	44622
橡胶和塑料制品业	5732	418	1380	61281
非金属矿物制品业	1305	302	50303	261485
黑色金属冶炼和压延加工业	52904	3188	405040	6168332
有色金属冶炼和压延加工业	3064	30	33610	883483
金属制品业	4927	879	6838	121159
通用设备制造业	59475	6910	26077	241279
专用设备制造业	987	2862	13274	202407
汽车制造业	1525031	533576	241446	1917299
铁路、船舶、航空航天和其他运输设备制造业	175407	599	326015	930205
电气机械和器材制造业	3659	206	13119	144904
计算机、通信和其他电子设备制造业	11890	2252	36763	560156
仪器仪表制造业	1183	88	1061	21306
其他制造业			275	66159
废弃资源综合利用业			62	1631
金属制品、机械和设备修理业			986	3342
电力、热力、燃气及水生产和供应业	**865**		**61575**	**1819955**
电力、热力生产和供应业	825		61281	1575555
燃气生产和供应业	40		279	43626
水的生产和供应业			15	200774

2-9-8 分行业内资工业企业技术获取和技术改造情况

单位：万元

行　业	引进技术经费支出	消化吸收经费支出	购买境内技术经费支出	技术改造经费支出
合　计	**2189507**	**173486**	**4042206**	**29275188**
采矿业	**17123**	**3323**	**15438**	**1028095**
煤炭开采和洗选业	17123	3174	6525	778775
石油和天然气开采业		149	6442	39416
黑色金属矿采选业			1253	43649
有色金属矿采选业			650	121279
非金属矿采选业			568	29514
开采辅助活动				15461
制造业	**2171518**	**170163**	**3965405**	**26505049**
农副食品加工业	2147	51	14293	252369
食品制造业	30165	10201	12263	242462
酒、饮料和精制茶制造业	2147	1085	22176	231189
烟草制品业	4561	22	89123	814583
纺织业	5247	363	20407	271216
纺织服装、服饰业	1201	2235	5380	39101
皮革、毛皮、羽毛及其制品和制鞋业	10	293	173	29628
木材加工和木、竹、藤、棕、草制品业	87	3	1742	64035
家具制造业			682	73426
造纸和纸制品业	2866	2837	3644	229431
印刷和记录媒介复制业		3	6138	151621
文教、工美、体育和娱乐用品制造业	2687	2332	7216	93216
石油加工、炼焦和核燃料加工业	42799	376	19960	1538892
化学原料和化学制品制造业	33438	2108	76482	1941220
医药制造业	51495	26209	171094	865544
化学纤维制造业	1477	177	4537	126683
橡胶和塑料制品业	13757	3263	35151	811162
非金属矿物制品业	5788	851	74431	755732
黑色金属冶炼和压延加工业	83147	7655	435675	8194634
有色金属冶炼和压延加工业	11532	30	40998	1145462
金属制品业	16307	2730	34292	556722
通用设备制造业	47982	8668	45020	891947
专用设备制造业	6874	4313	46443	678004
汽车制造业	62817	656	222533	1185496
铁路、船舶、航空航天和其他运输设备制造业	174966	632	331438	1057145
电气机械和器材制造业	36953	6634	293835	1416814
计算机、通信和其他电子设备制造业	1529236	86333	1919409	2439342
仪器仪表制造业	1673	94	20004	148932
其他制造业	12	12	10041	215014
废弃资源综合利用业			280	40177
金属制品、机械和设备修理业	148		547	3851
电力、热力、燃气及水生产和供应业	**865**		**61363**	**1742044**
电力、热力生产和供应业	825		61060	1484425
燃气生产和供应业	40		284	47173
水的生产和供应业			19	210446

2-9-9 分行业港澳台商投资工业企业技术获取和技术改造情况

单位：万元

行业	引进技术经费支出	消化吸收经费支出	购买境内技术经费支出	技术改造经费支出
合 计	**82634**	**5964**	**227371**	**2226357**
采矿业				**628**
石油和天然气开采业				**628**
制造业	**75367**	**5964**	**223116**	**2015404**
农副食品加工业			614	7686
食品制造业	12231	300	13723	45255
酒、饮料和精制茶制造业				8429
纺织业	647		5008	40242
纺织服装、服饰业			508	8366
皮革、毛皮、羽毛及其制品和制鞋业			461	4028
木材加工和木、竹、藤、棕、草制品业				5752
家具制造业			84	41726
造纸和纸制品业				28271
印刷和记录媒介复制业	1712	1	3822	25978
文教、工美、体育和娱乐用品制造业		971	5091	22493
石油加工、炼焦和核燃料加工业			410	100566
化学原料和化学制品制造业	4098	697	1842	65881
医药制造业	2943		56743	144789
化学纤维制造业			1604	14197
橡胶和塑料制品业	4327		3145	86835
非金属矿物制品业		163	774	82614
黑色金属冶炼和压延加工业			367	28369
有色金属冶炼和压延加工业			79	14628
金属制品业	21	15	10086	71102
通用设备制造业	3660	1195	10702	86764
专用设备制造业	929	956	2549	64130
汽车制造业	3024	22	8548	91601
铁路、船舶、航空航天和其他运输设备制造业	14096	942	12480	4030
电气机械和器材制造业	3572	467	48151	112161
计算机、通信和其他电子设备制造业	24010	236	34406	712116
仪器仪表制造业	98		211	87902
其他制造业			76	779
废弃资源综合利用业			998	5748
金属制品、机械和设备修理业			636	2970
电力、热力、燃气及水生产和供应业	**7267**		**4255**	**210326**
电力、热力生产和供应业	7267		4255	167973
燃气生产和供应业				42280
水的生产和供应业				73

2-9-10　分行业外商投资工业企业技术获取和技术改造情况

单位：万元

行　　业	引进技术经费支出	消化吸收经费支出	购买境内技术经费支出	技术改造经费支出
合　计	**2327363**	**576489**	**297569**	**3665235**
采矿业	**165.8**			**38390.2**
煤炭开采和洗选业				35215.2
石油和天然气开采业				1856.2
黑色金属矿采选业				102.0
非金属矿采选业				1216.8
开采辅助活动	165.8			
制造业	**2327197.6**	**576489.3**	**297568.5**	**3595581.2**
农副食品加工业	948.9		499.6	8171.8
食品制造业	152.4	6935.5	82866.4	116032.9
酒、饮料和精制茶制造业		10.3		1844.4
烟草制品业				
纺织业	2294.6	156.3	632.7	8011.5
纺织服装、服饰业	10.7			4698.5
皮革、毛皮、羽毛及其制品和制鞋业			515.2	2882.7
木材加工和木、竹、藤、棕、草制品业			83.0	1691.0
家具制造业	406.3		2685.1	2004.0
造纸和纸制品业	240.3		280.0	10943.8
印刷和记录媒介复制业			739.4	3766.4
文教、工美、体育和娱乐用品制造业	1544.4	3.3	1179.7	10826.6
石油加工、炼焦和核燃料加工业				827.9
化学原料和化学制品制造业	16931.9	1047.0	1002.5	130502.0
医药制造业	12172.6		6752.1	67587.5
化学纤维制造业	806.5		430.0	2120.2
橡胶和塑料制品业	60396.4	437.1	1960.5	28385.6
非金属矿物制品业	2925.9		401.2	58861.1
黑色金属冶炼和压延加工业	1043.5		105.0	63221.1
有色金属冶炼和压延加工业	3143.8	77.2	2776.2	19866.9
金属制品业	4484.9	12.6	1360.1	59309.3
通用设备制造业	125189.9	14656.6	27574.5	102399.6
专用设备制造业	82819.1	945.8	2793.4	63670.1
汽车制造业	1856074.8	550938.9	91488.2	1852874.4
铁路、船舶、航空航天和其他运输设备制造业	7146.0	339.5	16574.4	20862.4
电气机械和器材制造业	79223.4	259.3	20252.1	120700.2
计算机、通信和其他电子设备制造业	58090.1	669.9	29400.7	799322.7
仪器仪表制造业	11151.2		5186.5	33729.4
其他制造业			30.0	102.0
废弃资源综合利用业				365.2
电力、热力、燃气及水生产和供应业				**31263.8**
电力、热力生产和供应业				26785.3
燃气生产和供应业				1745.6
水的生产和供应业				2732.9

2-9-11　各地区工业企业技术获取和技术改造情况

单位：万元

地　区	引进技术经费支出	消化吸收经费支出	购买境内技术经费支出	技术改造经费支出
全　国	**4599504**	**755939**	**4567145**	**35166780**
东部地区	3815963	717839	3569259	19626686
中部地区	167409	17284	316852	7510520
西部地区	300337	20032	290432	6586950
东北地区	315795	785	390602	1442625
北　京	167106	1920	222432	494835
天　津	53205		35636	364086
河　北	14828	3615	70954	802231
山　西	17176	3174	9646	857910
内蒙古	35000	10402	18302	324295
辽　宁	59307	35	215975	971320
吉　林	255527	165	156176	155310
黑龙江	961	585	18450	315995
上　海	971516	560296	304222	1942461
江　苏	208183	88961	163843	3584747
浙　江	146896	5108	168828	2360265
安　徽	29113	5771	109711	2298691
福　建	39694	16887	123856	1149628
江　西	18146	2050	63056	877391
山　东	103050	11200	138606	2216001
河　南	14813	82	68019	915635
湖　北	34764	1142	41944	1298507
湖　南	53397	5066	24475	1262386
广　东	2111485	29853	2338870	6688885
广　西	7148		20871	1792211
海　南			2012	23547
重　庆	180425	5925	11438	702369
四　川	47246	2621	58321	1108553
贵　州	669		13964	392514
云　南	7872	162	75599	650122
陕　西	8669	360	19834	465810
甘　肃	900		686	529369
青　海	22		2021	61041
宁　夏		561	17732	342586
新　疆	12386	1	51666	218080

2-9-12 各地区大型工业企业技术获取和技术改造情况

单位：万元

地区	引进技术经费支出	消化吸收经费支出	购买境内技术经费支出	技术改造经费支出
全国	**4055245**	**628134**	**3440785**	**25084801**
东部地区	3424188	598531	2839452	13014225
中部地区	129815	14399	219372	5658922
西部地区	209773	14870	168639	5359611
东北地区	291468	334	213323	1052044
北京	92816	116	5550	458000
天津	37079		32584	294000
河北	10487	3279	50846	596493
山西	17098	3174	6863	699912
内蒙古	35000	10000	17283	238094
辽宁	35749		53690	619251
吉林	255123		144405	138984
黑龙江	597	334	15228	293809
上海	906491	551558	277721	1730850
江苏	146718	8844	68007	2342801
浙江	91938		44624	1074246
安徽	8632	4674	77315	1759988
福建	19313	6733	94905	689000
江西	16536	1583	50293	705443
山东	93109	10923	104545	1440644
河南	12569	62	55829	717047
湖北	30065	35	27846	1018282
湖南	44915	4871	1226	758251
广东	2026238	17078	2160260	4386232
广西	6644		14749	1668347
海南			410	1960
重庆	143009	2599	3791	566501
四川	6310	2250	24243	709540
贵州	669		9330	240864
云南	4561	22	72434	562422
陕西	345		9721	364444
甘肃	862		99	499664
青海			2012	57317
宁夏			13693	302256
新疆	12374		1284	150162

2-9-13　各地区中型工业企业技术获取和技术改造情况

单位：万元

地　区	引进技术经费支出	消化吸收经费支出	购买境内技术经费支出	技术改造经费支出
全　国	**374607**	**42960**	**668042**	**5754538**
东部地区	303029	36740	519818	4054284
中部地区	25638	1991	46964	909365
西部地区	42034	3976	84605	716793
东北地区	3907	253	16656	74096
北　京	60154	1118	212417	22400
天　津	8133		205	34270
河　北	2438	80	14863	150880
山　西	40		1265	103158
内蒙古		402	985	62805
辽　宁	3769		6790	52149
吉　林		165	8543	8211
黑龙江	138	88	1322	13736
上　海	63226	8597	15961	127045
江　苏	38384	1757	55723	784381
浙　江	44211	3580	83155	839985
安　徽	14991	850	17155	287301
福　建	15359	8916	18795	296129
江　西	983		9212	79026
山　东	5919	51	25409	484650
河　南	60		5895	122631
湖　北	3003	1013	4681	129113
湖　南	6561	128	8755	188136
广　东	65206	12641	91706	1295332
广　西	458		2019	83325
海　南			1583	19213
重　庆	23912	2885	5134	81035
四　川	7451	282	12218	183694
贵　州			2707	106578
云　南	2514	60	856	44660
陕　西	7686	347	8073	52566
甘　肃			94	15691
青　海			8	1687
宁　夏			3054	24653
新　疆	12		49457	60100

2-9-14 各地区国有及国有控股工业企业技术获取和技术改造情况

单位：万元

地 区	引进技术经费支出	消化吸收经费支出	购买境内技术经费支出	技术改造经费支出
全 国	**1917649**	**581535**	**1446054**	**17913148**
东部地区	1356394	566546	650353	7257259
中部地区	76868	6065	200719	4816876
西部地区	204722	8503	224310	4685394
东北地区	279665	422	370672	1153620
北 京	61127	1000	211151	421455
天 津	550		24044	166619
河 北	8252	3615	19359	450995
山 西	17138	3174	7675	654243
内 蒙 古	5000		12250	252272
辽 宁	23569		209555	812285
吉 林	255412		144477	141284
黑 龙 江	685	422	16640	200050
上 海	931911	558396	293030	1772943
江 苏	11026	319	20731	846297
浙 江	19428		4286	228393
安 徽	479	1147	74611	1347003
福 建	5110	712	10932	443897
江 西	16536	1583	43448	594723
山 东	32722	635	35729	775653
河 南	6831		55356	555833
湖 北	27565	35	11812	936331
湖 南	8319	125	7817	728743
广 东	286268	1870	30584	2135331
广 西			5399	1573724
海 南			508	15677
重 庆	140046	5484	4355	166481
四 川	39158	2396	40145	678875
贵 州	669		3051	263570
云 南	6012	82	74132	319875
陕 西	601		18370	393078
甘 肃	862		193	512840
青 海			966	56274
宁 夏		541	14476	306588
新 疆	12374	1	50976	161817

2-9-15 各地区内资工业企业技术获取和技术改造情况

单位：万元

地区	引进技术经费支出	消化吸收经费支出	购买境内技术经费支出	技术改造经费支出
全国	**2189507**	**173486**	**4042206**	**29275188**
东部地区	1957773	143740	3130838	14640586
中部地区	82915	11558	277464	6934453
西部地区	123622	17566	273368	6319863
东北地区	25197	622	360536	1380286
北京	1134	1000	217816	429875
天津	1927		35265	350326
河北	13426	3615	29637	696419
山西	17176	3174	8822	849422
内蒙古	35000	10402	18302	318544
辽宁	22883	35	191863	960369
吉林	1518	165	150223	103943
黑龙江	796	422	18450	315974
上海	189176	21561	273966	794981
江苏	43394	86022	110236	2756180
浙江	80966	2252	135342	2007853
安徽	18295	4916	103765	1967029
福建	21461	15556	40104	891524
江西	17335	2050	54038	796694
山东	82872	11057	131830	2027204
河南	14683	82	47625	879592
湖北	8357	1142	40699	1264700
湖南	7069	194	22514	1177016
广东	1523418	2678	2155042	4664400
广西	47		6014	1715666
海南			1602	21824
重庆	21883	3807	10551	602167
四川	43862	2621	58201	1073382
贵州	669		13964	387868
云南	7872	162	75453	618099
陕西	983	13	19834	455302
甘肃	900		686	529128
青海	22		966	59986
宁夏		561	17732	341642
新疆	12386	1	51666	218080

2-9-16 各地区港澳台商投资工业企业技术获取和技术改造情况

单位：万元

地 区	引进技术经费支出	消化吸收经费支出	购买境内技术经费支出	技术改造经费支出
全 国	**82634**	**5964**	**227371**	**2226357**
东部地区	71922	5802	221511	1869957
中部地区	5489		4631	302106
西部地区	5223		295	51199
东北地区		163	933	3095
北 京	863			57088
天 津	7267		370	9501
河 北			40904	79133
山 西			473	
内 蒙 古				5223
辽 宁			933	2934
吉 林				162
黑 龙 江		163		
上 海	114	1185	4147	50398
江 苏	18291	844	26022	373219
浙 江	8675	1271	16025	163837
安 徽	5489		285	235630
福 建	6498	614	80049	160938
江 西			1255	1118
山 东			1027	23800
河 南			2059	15224
湖 北			514	14248
湖 南			46	35886
广 东	30214	1888	52558	950320
广 西			104	8454
海 南			410	1723
重 庆	1911		45	15965
四 川	3312			10587
贵 州				1425
云 南			146	4306
陕 西				5000
甘 肃				241

2-9-17 各地区外商投资工业企业技术获取和技术改造情况

单位：万元

地　区	引进技术经费支出	消化吸收经费支出	购买境内技术经费支出	技术改造经费支出
全　国	**2327363**	**576489**	**297569**	**3665235**
东部地区	1786268	568298	216909	3116143
中部地区	79006	5726	34757	273961
西部地区	171491	2466	16769	215888
东北地区	290598		29133	59244
北　京	165109	920	4616	7872
天　津	44011		2	4260
河　北	1402		413	26680
山　西			350	8488
内蒙古				529
辽　宁	36424		23180	8018
吉　林	254009		5953	51205
黑龙江	166			21
上　海	782226	537550	26109	1097082
江　苏	146498	2096	27585	455348
浙　江	57256	1586	17462	188575
安　徽	5329	855	5661	96032
福　建	11735	717	3703	97166
江　西	812		7763	79579
山　东	20178	143	5749	164997
河　南	130		18336	20819
湖　北	26407		732	19559
湖　南	46328	4871	1915	49484
广　东	557854	25287	131271	1074164
广　西	7102		14752	68091
重　庆	156631	2119	842	84237
四　川	72		120	24584
贵　州				3222
云　南				27717
陕　西	7686	347		5508
青　海			1055	1055
宁　夏				944

附录　主要指标解释

主要指标解释

研究与试验发展(R&D) 指为增加知识存量（也包括有关人类、文化和社会的知识）以及设计已有知识的新应用而进行的创造性、系统性工作，包括基础研究、应用研究和试验发展三种类型。国际上通常采用R&D 活动的规模和强度指标反映一国的科技实力和核心竞争力。

R&D 人员 指报告期 R&D 活动单位中从事基础研究、应用研究和试验发展活动的人员。包括直接参加上述三类 R&D 活动的人员，以及与上述三类 R&D 活动相关的管理人员和直接服务人员，即直接为 R&D 活动提供资料文献、材料供应、设备维护等服务的人员。不包括为 R&D 活动提供间接服务的人员，如餐饮服务、安保人员等。

R&D 人员全时当量 指报告期 R&D 人员按实际从事 R&D 活动时间计算的工作量，以“人年”为计量单位。为国际上比较科技人力投入而制定的可比指标。

R&D 经费支出 指报告期调查单位内部为实施 R&D 活动而实际发生的全部经费，按支出性质分为日常性支出和资产性支出。不包括调查单位委托其他单位或与其他单位合作开展 R&D 活动而转拨给其他单位的全部经费。

R&D 经费支出中政府资金 指 R&D 经费支出中来自于各级政府财政的各类资金，包括财政科学技术支出和财政其他功能支出的资金用于 R&D 活动的实际支出。

R&D 经费支出中企业资金 指 R&D 经费支出中来自于企业的各类资金。对企业而言，企业资金指企业自有资金、接受其他企业委托开展 R&D 活动而获得的资金，以及从金融机构贷款获得的开展 R&D 活动的资金；对科研院所、高校等事业单位而言，企业资金是指因接受从企业委托开展 R&D 活动而获得的各类资金。

R&D 项目（课题）数 R&D 项目（课题）是进行 R&D 活动的基本组织形式，通常由 R&D 活动执行单位依据项目立项书或合同书等形式明确项目任务、目标、人员和经费等。

R&D 项目（课题） 人员全时当量 指实际参加研发项目（课题）活动人员折合的全时当量。

R&D 项目（课题） 经费支出 指调查单位内部在报告年度进行研发项目（课题）研究和试制等的实际支出。包括劳务费、其他日常支出、固定资产购建费、外协加工费等，不包括委托或与外单位合作进行项目（课题）研究而拨付给对方使用的经费。

新产品销售收入 指报告期企业销售新产品实现的销售收入。新产品是指采用新技术原理、新设计构思研制、生产的全新产品，或在结构、材质、工艺等某一方面比原有产品有明显改进，从而显著提高了产品性能或扩大了使用功能的产品。既包括经政府有关部门认定并在有效期内的新产品，也包括企业自行研制开发，未经政府有关部门认定，从投产之日起一年之内的新产品。

技术改造经费支出 指报告期内企业进行技术改造而发生的费用支出。技术改造指企业在坚持科技进步的前提下，将科技成果应用于生产的各个领域（产品、设备、工艺等），用先进工艺、设备代替落后工艺、设备，实现以内涵为主的扩大再生产，从而提高产品质量、促进产品更新换代、节约能源、降低消耗，全面提高综合经济效益。

购买境内技术经费支出 指报告期内企业购买境内其他单位科技成果的经费支出。包括购买产品设计、工艺流程、图纸、配方、专利、技术诀窍及设备的费用支出。

引进境外技术经费支出 指报告期内企业用于购买国外或港澳台技术的费用支出，包括产品设计、工艺流程、图纸、配方、专利等技术资料的费用支出，以及购买设备、仪器、样机和样件等的费用支出。

引进境外技术的消化吸收经费支出 指报告期内企业引进国外或港澳台技术的消化吸收经费支出。引进技术的消化吸收指对引进技术的掌握、应用、复制而开展的工作，以及在此基础上的创新。引进技术的消化吸收经费支出包括：人员培训费、测绘费、参加消化吸收人员的工资、工装、工艺开发费、必备的配套设备费、翻版费等。